中国有色金属工业协会专家委员会组织编写

有色金属系列丛书

中国铍业

北京
冶金工业出版社
2015

内 容 提 要

全书共分十三篇，简要介绍了铍的发展史，铍及主要含铍材料的性质与用途，铍矿资源、采矿、选矿，铍的提取冶金与粉末冶金成型工艺技术，铍铜合金的冶金与加工工艺技术，铍铝合金生产工艺技术，氧化铍陶瓷的生产工艺技术，铍及含铍材料近二十年来的技术进展与创新，铍的贸易与价格，铍金属的国家政策，铍金属的循环利用，铍的毒性与防护，世界主要的铍生产企业等内容。

全书浅显易懂，有利于客观全面地了解铍及含铍材料，适合于关注、从事铍行业的社会各界人士阅读，也可供铍行业广大学者、科研人员学习参考。

图书在版编目(CIP)数据

中国铍业/中国有色金属工业协会主编．—北京：冶金工业出版社，2015.4

（有色金属系列丛书）

ISBN 978-7-5024-6875-0

Ⅰ.①中…　Ⅱ.①中…　Ⅲ.①铍—有色金属冶金—冶金工业—中国　Ⅳ.①F426.32

中国版本图书馆 CIP 数据核字（2015）第 057824 号

出 版 人　谭学余

地　　址　北京市东城区嵩祝院北巷 39 号　邮编　100009　电话　(010)64027926

网　　址　www.cnmip.com.cn　电子信箱　yjcbs@cnmip.com.cn

责任编辑　张熙莹　美术编辑　彭子赫　版式设计　孙跃红

责任校对　李　娜　责任印制　李玉山

ISBN 978-7-5024-6875-0

冶金工业出版社出版发行；各地新华书店经销；三河市双峰印刷装订有限公司印刷

2015 年 4 月第 1 版，2015 年 4 月第 1 次印刷

148mm×210mm；8.375 印张；167 千字；248 页

34.00 元

冶金工业出版社　投稿电话　(010)64027932　投稿信箱　tougao@cnmip.com.cn

冶金工业出版社营销中心　电话　(010)64044283　传真　(010)64027893

冶金书店　地址　北京市东四西大街 46 号(100010)　电话　(010)65289081(兼传真)

冶金工业出版社天猫旗舰店　yjgy.tmall.com

（本书如有印装质量问题，本社营销中心负责退换）

《有色金属系列丛书》
编辑委员会

《中国铍业》编辑委员会

序

为适应有色金属工业发展的需要，普及和提高有色金属知识，提升全国有色金属战线广大干部职工的思想业务素质，促进我国从有色金属生产大国向有色金属工业强国的转变，中国有色金属工业协会组织编写了《中国铜业》等《有色金属系列丛书》（共 21 本）。《丛书》集中了全行业的智慧和力量，汇集了当今中国乃至世界有色金属领域的最新知识和信息，深入浅出，通俗易懂，融知识性、实用性为一体，是社会各界学习和提高有色金属知识的好教材和实用工具书。

有色金属是经济社会发展必不可少的基础材料和重要战略物资。有色金属作为功能材料和结构材料而广泛应用于人类生活的各个领域，成为当今高新技术发展和国防军工的重要支撑。有色金属的生产和消费水平已经成为衡量一个国家社会进步的重要标志。

中国是生产有色金属品种最全的国家，门捷列夫化学元素周期表中的64种元素的有色金属都能生产。中国是世界生产和消费有色金属最多的国家，到2011年十种有色金属产量已达3438万吨（快报数），连续10年位居世界第一，年消费有色金属已达3580万吨以上，连续9年位居世界第一。目前全国已有有色金属企业、事业单位3万多家，就业人员360多万。

有色金属涵盖的金属品种多。在元素周期表中，除了黑色金属铁、锰、铬，锕系和超锕系放射性金属元素外，余下64种都为有色金属元素。有色金属成矿条件复杂，矿床类型多样，矿体形态变化大，元素组合多样，勘探难度大，而且需要综合勘探、综合评价。有色金属结构复杂，多种矿物相嵌共伴生关系密切，选矿和冶炼的技术、装备复杂，工艺流程长。有色金属应用领域广，用途千差万别，材料的研制和加工复杂。有色金属元素在原矿中含量低，富集比都在几十、几百、几千甚至几万以上，导致在采矿、选矿和冶炼过程中固体废物多，节能环保压力大，工艺技术复杂。综合上述不难看出，有色金属产业是固体矿产资源开发利用领域最复杂的产业，有色金属知识领域宽广、博大精深。

建设现代化的有色金属工业强国是全行业360多万职工为之奋斗的目标。我相信，《丛书》的出版发行，对增进全社会对有色金属工业的了解，推动全行业广大干部职工学习和掌握有色金属知识必将发挥积极重要的作用。让我们行动起来，为促进我国有色金属工业的持续、稳定发展，为实现有色金属工业发展的既定目标而奋勇前进。

中国有色金属工业协会会长 陈全训

2012年8月于北京

前　言

为了满足社会各界人士快速了解和掌握有色金属品种科学知识的需要，推动有色金属行业从业人员素质和业务能力的提高，中国有色金属工业协会组织编撰融知识性、实用性为一体的《有色金属系列丛书》。根据协会的统一部署，由我国唯一的铍材研制和生产基地——西北稀有金属材料研究院负责本书的编写。

铍作为一种战略金属，是世界各主要军事大国十分关注的敏感金属。我国的铍产业经过50多年的自主发展，已经基本形成完整的工业体系。在这条产业链上，用量最少但最重要的是金属铍，它在国防军工、航空航天和战略核能等领域有着关键的应用，是一种关系着国家安全的战略性、关键性物资；铍铝合金结合了铍的刚性和铝的韧性，有望成为下一代航空航天结构材料；氧化铍陶瓷属于特种陶瓷，是构成现代电子装备的物质基础；铍铜合金在所有铜合金中综合性能最好，用于几乎所有的工作领域；铍镍合金的工作温度比铍铜合金还高出250~300℃。因此，铍金属系列产品直接关系着一个国家国防尖端技术和战略性新兴产业的发展。

西北稀有金属材料研究院根据丛书编委会提出的大纲要求，历经两年的讨论、编写和修改，完成了本书。全书共分十三篇，较系统、全面地介绍了世界铍资源的分布、铍及含铍材料的性质与用途、生产工艺技术及其进展、贸易、国家政策、毒性与防护、循环利用以及未来铍产业的发展趋势。

本书浅显易懂，可作为科普性读物，有利于客观全面地了解铍及主要的含铍材料，适合于关注、从事铍行业的社会各界人士阅读，也可供广大学者、科研人员学习参考。

本书由钟景明主编，许德美、孙本双、李彬、王战宏、朱文斌、赵飞、李峰等参加编写。特别是许德美同志为本书的定稿付出了大量心血，先后三次逐字逐句地对文稿进行了校对。在此，对以上同志的辛勤劳动表示诚挚的谢意！

希望本书的出版有助于我国铍事业的良性发展，推动铍及含铍材料的应用进程，为国防军工事业和国家相关产业的发展作出贡献。

由于编者水平所限，书中不足之处，恳请各位读者批评指正。

编 者

2014年11月

目　录

第一篇

铍工业概况

第一章　铍的发现发展简史

1798 年法国化学家沃克兰（L. N. Vauquelins，1763 ~ 1829 年）首先发现了铍的氯化物，1828 年德国化学家沃勒（F. Wöhler）与法国化学家比西（A. B. Bussy）各自用钾还原氯化铍制得了少量纯度不高的单质铍，沃勒将它命名为“beryllium”(Be)，而比西则命名为“glucinium”(Gl)。1957 年国际理论化学与应用化学联合会（IUPAC）按前者定名。1898 年法国化学家勒布（P. Lebeau）用电解氟化铍和氟化钾或氟化钠熔体方法制得了纯度为 99.5% ~99.8% 的小颗粒铍六方晶体。

铍被发现后的一个多世纪以来，一直只能进行很少量的提取，直到 20 世纪 20 年代，才用多种方法从绿柱石中提取出足够对其进行评价的量。世界上铍的冶炼生产，美国始于 1916 年，德国始于 1929 年，法国始于 1932 年，前苏联始于 1937 年，英国始于 1956 年。1954 年和 1955 年中国、日本先后开始铍的研究，1958 年中国和日本开始铍的生产。

第二章 世界各国铍工业现状

目前世界上只有美国、前苏联和中国具有工业规模的从铍矿石开采、提取冶金到铍金属及合金加工的完整铍工业体系。英、法、德等西欧国家和日本都曾进行过工业规模铍冶炼与加工生产，但因铍的毒性，以及投入与产出比严重不符，西欧和日本均在20世纪70年代停止了铍的冶炼生产，仅进口铍的半成品进行二次加工。从20世纪80年代起，巴西具有氧化铍和铍铜中间合金的生产能力。印度虽也有铍的生产，但规模极小。铍资源丰富的第三世界国家主要是出售铍精矿。

第一节 美国的铍工业

美国的铍工业规模是世界上最大的，代表了世界铍的生产技术水平，在世界铍工业中占绝对优势，处于领先和主导地位。通过为世界上包括美国国内和国外的很多铍产品制造商供应铍原料、半加工材到最终制品，美国控制着世界的铍工业和贸易。

美国 Materion 公司（原 Brush Wellman（布拉什威尔曼）公司，2010 年更名为 Materion 公司）是世界上唯一能生产所有铍产品的综合一体化制造商。它的所有铍商业产品，包括化合物、金属和合金，除满足本国需要外，还供应整个西方世界。2000年Materion公司铍产量约占全世界的93%。

20世纪80年代，美国的铍工业主要依靠军事应用生存，但随着冷战的结束，铍需求量下降导致Materion公司为进入其他市场而从事多种经营。目前Materion公司的铍业务包括犹他州的一个矿石处理厂和两座矿山，该公司除了开采它独有的羟硅铍石矿之外，还是绿柱石的主要进口商。在俄亥俄州埃尔默的氧化铍、合金和金属厂；在宾夕法尼亚州雷丁的合金产品以及亚利桑那州的塔克森和马萨诸塞州Newburyport的陶瓷厂；在加利福尼亚Fremont的X射线窗和其他产品制造厂。Materion公司还在英国Berkshirre的Theale、德国Stutgarrt、日本东京和新加坡都设有国际服务中心。

2000年5月，布拉什威尔曼公司组织机构重新调整，变成了布拉什工程材料公司独家拥有的子公司。公司的业务分成金属系统集团和微电子集团。金属系统集团包括合金产品（分为带材产品和散装批量产品）公司、铍产品和技术材料股份有限公司（TMI）。合金产品公司主要生产高传导类（低铍）铍铜合金板、带、丝、管和棒材，铍铜合金铸、锻材，铍镍合金，低铍铍铝合金等，它是金属系统集团最大的分支。铍产品和技术材料公司是最小的单位，制造和销售金属铍和高铍铍铝合金，主要市场是航天、汽车、国防和医疗设备，产品主要包括核纯级、结构级、仪表级和光学级铍材，超纯、高纯和标准级铍片、铍箔、高铍合金以及氧化铍和氧化铍陶瓷等。

美国卡博特公司的卡伯特皮利可分部（Cabot Berylco

Division. Cabot Corp.）曾是美国另一个重要的铍工厂，其早期的铍工厂建设可追溯到1927年，当时在克利夫兰建立了铍公司，主要生产铍合金。1968年，铍公司与卡威基公司（Kawecki Chemcal Co.）合并组成卡威基皮利可工业公司（Kawecki Berylco Inc.,KBI）。1978年KBI成为卡伯特的独家子公司，并从1979年开始停止金属铍生产，而成为专门生产铍铜合金的厂家。1980年KBI改名为卡伯特皮利可公司（Cabot Berylco Inc.,CBI）。CBI下设生产铝合金、钽、铌及其他稀有金属的KBI分公司和生产铍合金的CBD分公司。1986年CBD分公司被日本碍子公司（NGK）收购而成为NGK公司的一部分。

2011年，IBC先进合金（IBC Advanced Alloy）公司收购了斯达迈特（Startmet）公司，斯达迈特公司前身是核金属公司。20世纪60年代，核金属（Nuclear Metals）公司和洛克希德马丁电子及导弹（Lockheed Martin Electronics and Missiles）公司联合开发了第一个商业铍铝合金——洛克合金，但由于工艺复杂和成本过高，在70年代末该合金停止生产。20世纪90年代，采用精密铸造方法生产，在Beralcast的商标下开发一系列新型铍铝合金，该公司生产的铍铝合金除了大量应用于航空航天以外，在其他工业如电子、半导体和体育运动物品等领域也得到了广泛应用。IBC先进合金公司是美国除Materion公司以外，最重要的铍铝合金生产厂商。

世界上主要生产和消费氧化铍陶瓷的国家是美国。可以说，美国是世界上氧化铍陶瓷产品数量最大、技术性能最高、生产技术最好的国家。美国最早的氧化铍陶瓷生产厂家有拉瓦（Lava）公司，国家（National）氧化铍公司，高氏（Coors）公司。目前仍在运营的有 Materion 公司，阿贵尔特（Accuratus）公司，IJ 研究院（IJ Research）和克儒列克（Cronics）公司等，其中后两家重点是金属化技术的开发和研究。另外，原国家氧化铍陶瓷公司现改名为美国（America）氧化铍陶瓷公司。

美国其他主要的铍及铍合金加工企业见表 1-1。

表 1-1　美国其他主要的铍及铍合金加工企业

企业名称	主要产品	备　注
先进工业国际股份公司（Advanced Industries International）	铍陶瓷/金属组件	美国第二大铍陶瓷制造商
Alfa Aesar 公司（Alfa Aesar）	铍高纯化合物、铍铜合金	
Anchor 青铜与金属股份公司（Anchor Bronze and Metals Incorporated）	青铜、铍铜合金棒和板	
Atomergic 化学金属公司（Atomergic Chemetals Corporation）	铍制件、高纯氧化铍等	
Ball 航天和科技公司（Ball Aerospace and Technologies Corporation）	航空用铍镜	
加利福尼亚精细金属线材公司（California Fine Wire Company）	铍铜合金线材	
铍-铜合金公司（Copper Beryllium Alloys Incorporated）	铍铜合金管、棒、线产品	
哈狄克实验室公司（Hardic Laboratories Incorporated）	铍光学器件的制造	成立于 1954 年
霍尼威尔公司（Honeywell）	空间控制系统和装备	美国战略导弹导航系统主要生产者之一

续表 1-1

企业名称	主要产品	备注
仪器专业公司 (Instrument Specialities)	铍铜合金弹簧、 电磁干扰衬垫	美国最大的 铍铜合金弹簧制造商
小瀑布合金公司 (Little Falls Alloys)	铍铜合金线等	
莫尼克合金公司 (Monico Alloys)	铍合金铸造产品	
莫克斯太克联合体 (Moxtek Incorporated)	铍窗	美国 X 射线窗的 主要生产者之一
碍子金属公司 (NGK Metals Incorporated)	铍铜合金产品	属于日本 NGK 子公司
奥林黄铜公司（Olin Brass）	铍铜合金产品	
游隼公司 (Peregrine Falcon Corporation)	铍制件	
J. A. Reinhardt 公司 (J. A. Reinhardt Company)	铍铝合金产品	
R&F 合金线材公司 (R&F Alloy Wires Incorporated)	铍铜合金线材	
山穆泰克公司 (Samtec Incorporated)	计算机接插件 （铍铜合金）	
Semco 公司（Semco）	铍铜合金	
三铸公司（Tricast Corporation）	铍铜合金铸锻材	
三重星公司（Triostar）	铍铝合金	
泰科电子公司 (Tyco Electronics)	连接器、接插件等	世界最大的 连接器生产商

第二节　哈萨克斯坦的铍工业

哈萨克斯坦的乌尔巴冶金厂是前苏联仅有的一家铍冶炼加工厂。苏联解体之前，乌尔巴冶金厂有关铍的生产情况高度保密，很少为人所知。解体后得知，直到20世纪90年代早期，乌尔巴冶金厂一直是除美国公司之外的世界第二大铍生产商，乌尔巴冶金厂每年的铍产品产量为170～190t。苏联解体以后，乌尔巴冶金厂与俄罗斯的合作关系实际上已经停止，铍的军事需求减少，铍生产大部分都已中断，11个单位中仅1个在运转，每年生产几百千克铍合金材料。

2000年9月乌尔巴冶金厂（Ulba Metallurgical Plant）改制为哈萨克斯坦乌尔巴冶金厂开放式股份公司（Ulba Metallurgical Plant Open Stock Company，UMP），新公司90%的股权归哈萨克斯坦国有核公司所有。2000年，乌尔巴冶金厂获得Meterion公司2500万美元的现金投资，由Meterion公司提供乌尔巴冶金厂头两年的铍生产资金，并为其设备更新，同时带来了一些新技术，其中一半左右的投资用在铍铜合金的生产上，作为回报乌尔巴冶金厂给Materion公司独家提供铍产品，主要包括金属铍锭和铍铜母合金铸锭。在随后几年里，经过数次更改，供货期已经延至2012年。2005年，乌尔巴冶金厂完成了这项为期5年的投资计划，现铍铜母合金的年生产能力为3000t，铍铜合金制品的年生产能力达1000t。

由于国外资金的引进和新设备的投入起了重要作用，现乌尔巴冶金厂的铍产品产量迅速增加，已成为一个日益重要的以铍铜合金为主的铍生产基地。估计现在乌尔巴冶金厂的铍铜合金产能不低于日本碍子公司。2006年，美国地质勘探局（United States Geological Survey，USGS）报道乌尔巴公司铍产品占世界市场33%，而在1999年它仅占3%。

位于哈萨克斯坦东部欧斯肯曼的陶瓷工厂，其前身陶瓷联合股份公司，于2000年8月重新开始生产氧化铍陶瓷制品，能年产价值6000万美元的氧化铍陶瓷产品。哈萨克斯坦的乌斯特卡明若戈尔斯科州的乌尔宾斯基金属工厂（Ulbinsky Metal Factory）是世界上生产氧化铍陶瓷规模较大者。

第三节 俄罗斯的铍工业

苏联解体以前，哈萨克斯坦乌尔巴冶金厂的铍冶金与俄罗斯的铍加工使苏联成为了世界第二大铍生产与消费国。乌尔巴冶金厂所生产的铍产品均用于前苏联国内的国防工业，直到1991年，估计每年消耗约有200t铍金属。1998年和1999年，俄罗斯所有含铍产品的生产可能是依靠以前积存的储备，因为没有从哈萨克斯坦和别国进口铍的报道。但据报道，2000年俄罗斯从哈萨克斯坦进口了铍。

位于莫斯科北部加里宁格勒的康帕济特（Kompozit）研究与发展公司是苏联1968年建立的专门研究航天材料的重要科研生产机构，其中有一部分主要从事铍材、铍合金及其制品的加工工艺与性能研究，并生产相应的铍及铍合金产品。俄罗斯伏拉基密尔斯克州的科尔丘金诺有色金属加工厂一直生产包括铍铜合金在内的铸造铜和铜合金。该工厂拥有生产热轧和冷轧板的轧机，拥有9台挤压机和拉管设备。由俄罗斯联邦研究中心创立的拉迈特公司（Ramet）从事推销俄罗斯铍技术和材料的工作。

第四节　中国的铍工业

中国的铍工业经过几十年的发展，已经形成了从矿石开采、提取冶金到铍金属及合金加工的完整工业体系。

西北稀有金属材料研究院（隶属于中色（宁夏）东方集团有限公司）是中国唯一金属铍生产和研制基地，也是全国重点高新技术企业，设立了稀有金属铍材行业重点实验室和宁夏特种金属材料重点实验室。经过30多年的发展，已经自主建立起了独立、完整的铍生产科研体系，具备粉末冶金工艺和设备生产各种用途、各种级别铍材的能力，并培养了一批训练有素、掌握生产技术的管理和技术人才，为国家的许多重要项目提供了大量金属铍配套材料，满足了国家急需，为国防军工与国民经济建设作出了重要贡献。

西北稀有金属材料研究院也是中国唯一具备铍铝合金生产能力的企业，该院也生产军工用的高纯氧化铍陶瓷。

中色（宁夏）东方集团有限公司（以下简称“中色东方”）生产的铍铜合金曾应用在神舟5号、6号飞船上，并受到了嘉奖。中色东方从2008年开始，投资5亿元，进行大卷重高精度铍铜生产线的扩建和改建，并成立了中色东方铍铜分公司，目前该公司是全国最大的铍铜板带材生产厂家，铍铜合金的年生产能力为2000t。

2005年以前，中国的铍冶炼企业只有湖南有色铍业有限公司一家，2003 年，新疆富蕴县通过“乌洽会”引进铍冶炼项目，由富蕴恒盛铍业有限责任公司出资在富蕴县建设中国第二个铍冶炼厂。

湖南有色铍业有限公司始建于 1957 年，经过几次扩能改造和不断实施工艺技术改进，生产能力、产品质量和品种系列都有了大幅提升，产品质量与品种已完全能够满足市场需要。目前，铍的产品系列有：工业氧化铍与高纯氧化铍、氧化铍陶瓷、金属铍珠、铍铜中间合金、铍铜铸造合金和铍铜安全工具等。此外，工厂还生产金、银和锌锆合金等，是国内一个重要的稀有金属冶金企业。

恒盛铍业公司是由新疆有色金属工业（集团）有限责任公司、新疆恒合投资股份有限公司、新疆有色集团稀有金属公司三方共同出资设立的公司，主要是为了开发富蕴与新疆的铍矿资源。

宁波兴业电子铜带有限公司与哈萨克斯坦乌尔巴冶金厂开放式股份公司投资 1 亿元合资建设的鹰潭乌尔巴兴业金属材料有限公司，于 2007 年 9 月落户鹰潭经济技术开发区。该公司掌握了大吨位中频立式大锭半连续铸造工艺技术，可制备卷重达 1t 的高精度铍铜板带，铍铜合金的年生产能力为 2000t。2014 年 3 月因合资经营亏损，公司停业。

中国目前从事铍铜生产的厂家除中色东方铍铜分公司外，还有上海贝瑞姆铜业有限公司（原上海有色金属压延厂）、苏州市瑞佳有色合金材料有限公司、镇江威亚达合金制品有限公司（原扬中市利达合金制品有限公司）等。

中国进行氧化铍粉和氧化铍陶瓷、金属化技术等研究和生产的主要有湖南有色铍业有限公司（粉体唯一生产者，原湖南水口山第六冶炼厂）、上海飞星特种陶瓷厂、四川799厂和中国电子科技集团公司第十二研究所。在产业化上，以799厂实力最为雄厚，具有多台先进仪器、设备和窑炉，是国内最早从事氧化铍陶瓷研究和生产的企业，是军工定点单位，具备热压铸、挤压、轧制、干压、等静压工艺及金属化技术，在技术、质量、生产规模上都是国内一流的。

第五节　日本的铍工业

日本的碍子（NGK）公司是世界第二大铍铜生产厂家，前身是日本碍子金属公司。1958年开始生产铍铜合金，是日本绝缘体有限公司（Nippon Gaishi）的全资子公司。日本绝缘体有限公司1986年趁日元升值之际购买了美国卡博特公司（包括在法国、德国和英国的子公司）的铍铜分部后更名为碍子公司，从而在铍铜领域形成了与美国Materion公司抗衡的局面，但不具备矿石冶炼能力。由于不具备铍的冶炼技术，碍子金属公司是世界上最大的氧化铍进口商（主要进口源是美国的Materion公司）。

碍子公司的铍铜生产工厂有美国宾夕法尼亚的雷丁和田

纳西州的甜水（Sweetwater）、日本名古屋的本田（Handa）、法国的克隆（Coueron）。现碍子公司年产铍铜的能力估计至少在6000t以上，生产Berylco牌号铍铜合金分别为165，25，33~25，10，14，7合金。

日本的ToYo Seihahu有限公司专门生产微米级铍铜薄箔材。

日本早期对氧化铍粉和氧化铍陶瓷都做过不少的研究和产业化工作，其中住友、京瓷、碍子公司都生产过氧化铍陶瓷而且具有较好的技术性能，碍子公司生产的超高纯度氧化铍陶瓷的性能特别引人注目。由于国情和环保原因，日本于1976年停止了国内氧化铍陶瓷的生产，目前氧化铍陶瓷从Materion公司购买。

第六节　其他国家的铍工业

英国与德国不生产铍精矿和金属铍，没有形成完整的综合性铍工业，其铍工业主要是进口铍及其合金半成品进行二次加工，加工能力较强。英国公司是首先把铍材用于防御用途特别是光学应用的机构之一，其中英国Avimo公司生产的铍镜在一些市场中占有强有力的地位，主要用于军事车辆观测系统、热图仪和前视红外系统等。德国铍的消耗是以铍铜合金和氧化铍为主。

西欧国家和日本，特别是英国，是世界主要铍消费国之一，其原料、半成品和产品大多来自美国，一年大约几十吨，所产生的废料也多返回美国，目前这些企业基本都是美国 Materion 公司的子公司。英国古德飞罗集团、法国铍希尼（Pechiney）公司也涉及氧化铍粉、氧化铍陶瓷的研究、制造和销售。

印度于 20 世纪 70 年代中期在孟买附近自行设计建造了一个铍试验工厂，由原子能委员会管辖，最初只生产氧化铍和金属铍，为本国的核工业服务。现在虽也能生产铍铜合金，但规模很小。

巴西是世界最大的铍资源国，但多年来一直只出售铍矿石。1987 年，巴西核子工程研究院宣布建立铍试验工厂，采用氧化铍镁热还原法生产金属铍，规模为年产金属铍 60kg，随后扩大到工业规模，但原定计划一再推迟，至今没有新的消息。

第三章　铍工业的发展趋势

目前，全球铍工业的基本状况是发展中国家的铍资源（包括原生资源和再回收资源）流向美国，美国向世界各发达国家（主要是西欧各国和日本）提供铍的半成品和精加工产品。总的来看，未来几年铍工业的发展将呈现以下趋势：

（1）世界铍工业“三大体系”的格局将持续。美国、哈萨克斯坦和中国是目前世界上三个具有从矿石到冶炼加工完整工业体系的铍生产国。尽管世界对铍的需求，特别是对铍合金的需求与市场在逐年增长，市场前景广阔，但目前

Materion公司、乌尔巴冶金厂完全能够向世界市场提供充足的铍及铍合金产品，满足市场需要。西北稀有金属材料研究院的产品也能够满足中国市场的需要，因此市场不支持新的大型铍企业产生，这种“三大体系”的格局仍将持续下去。

（2）金属铍材料战略地位进一步提高，产业发展依靠国防军工。鉴于金属铍的特殊性能、特殊应用和战略性材料特性，伴随着高新技术的发展以及国家间综合国力竞争态势的加剧和新的世界军事格局的形成，世界各国会更加重视金属铍材料技术进步、能力建设和保障供给等一系列重大问题。

近年来，随着对金属铍认识的提高以及商业领域对性能要求的提高，金属铍的商业应用增加，但国防军工、航空航天以及战略核能仍将是金属铍的主要应用领域，这种局面不会改变。因此在未来几十年，金属铍产业的可持续发展会有应用拉动、市场推动的影响，但主要靠政府行为的导向、规划和支持。金属铍产业的发展，尤其是科技进步，仍然依靠国防军工来推动。铍作为一种特殊战略性金属材料，其应用必将得到进一步的提升和增强。

（3）铍合金和氧化铍陶瓷的需求与消费量逐年增长，产业发展前景广阔。

1）铍铜工业的发展趋势。随着世界经济的发展，铍铜的需求量增长迅速，据英国商品研究所（Commodity Research Unit，CRU）估计，整个20世纪80年代，铍铜合金消费的年均增长率为6%，90年代加速到10%。未来，铍铜合金的年增长量会保持在至少2%的增长速率，预计中国未来几年的铍铜合金的消费量将以10%的速度增长。铍铜产业将引领铍产业的消费市场，带动和拉动铍产业的发展。铍铜市场总的发展趋势表现为以下几点：

第一，铍铜投资热潮。目前世界上主要生产铍铜的大国是美国和日本，年产量在1.77万吨以上，加上其他国家，铍铜生产预计总量在2.7万吨左右，而需求量约为3.5万吨，未来还有增加的趋势，因此在供不应求的局面下，可能会出现铍铜投资热潮。这种投资热潮在20世纪90年代计算机和汽车行业对铍铜合金需求量激增的情况下曾经出现过，但是铍铜相对的技术门槛较高，在产品供不应求的情况下，盲目投资的厂家往往最终无法生产高品质铍铜合金进入市场，导致经营困难。这些厂家在寻求技术和资金援助的情况下，往往会被大的铍铜生产厂家合并。这已有前车之鉴，2000年左右，Materion公司在乌尔巴公司经营困难的情况下，虽然没有吞并乌尔巴公司，但却成功地使乌尔巴公司成为其铍铜母合金原料和热压真空铍锭的供应厂家(2000～2012年)。因此，中国生产厂家要慎入铍铜行业。

第二，降低成本的工艺技术革新。铍铜性能除了受化学成分的影响外，淬火温度、速度、保温时间对铍铜的性能都有明显的影响。因此，铍铜合金加工工艺复杂，技术难度大。如何选择最佳的加工工艺制度，保证材料的优异性能，满足不同行业对铍铜合金不同的使用要求，一直以来是铍铜合金研究的主要内容之一。此外，硬化铍铜合金加工材也是铍铜合金的发展趋势。但未来几年对铍铜生产技术的研究将更加集中在如何降低铍铜合金的生产成本上，同时提高铍铜合金生产自动化能力上。

第三，新品种铍铜合金的研制和开发。随着电子工业的飞速发展和高技术产业的不断涌现，单纯的高强度或高导电铍铜合金已不能完全满足市场需要，用户对铍铜合金产品的品质、数量及价格提出了许多新的要求，希望得到高强度和高导电性兼备且价格更为合适的产品。由此，世界各国铍铜合金生产国家都在不断开展研究工作，开发综合性能更优异且成本较低的低铍含量铍铜合金产品。有资料表明，近年来市场上对这类低铍含量铍铜合金的需求十分迫切，这也是目前铍铜合金发展的一种趋势。

2）铍铝工业的发展趋势。20 世纪 90 年代新型铍铝合金的引入为铍产品不仅在国防领域而且在商业领域打开了新的市场。通过调节铍铝合金的成分，协调性价比，铍铝合金在应用上具有很大的灵活性，不像铍往往只能用于不计成本性能至关重要的国防领域，铍铝合金在民用领域得到了广泛的应用，铍铝合金比铍更有竞争力。

据美国2000 年的铍市场消费格局可知，铍铝合金占铍消耗量的10%。未来 10 年，是铍铝合金与金属铍和其他航空航天材料展开竞争的时代，并且铍铝合金良好的刚度、质量和热学特性，很有可能击败钛合金成为下一代航空航天新的结构材料。2004 年美国空军研究实验室的工程师和科学家与材料供应商和航天器原始设备制造商合作，展示用铍铝合金制造航天器用近净形和净形零部件的可行性，同时也证明了电子束焊接铍铝合金的可行性。这两项技术的成功应用使铍铝合金的生产成本降低80%，可以预见铍铝合金必将对传统的航空航天材料产生冲击，但铍铝合金究竟能在多大的程度上改变市场应用格局还不是很明朗。

铍铝合金作为一种新型材料，目前其潜能还没有完全发挥出来，市场还没有完全显现，但毫无疑问的是铍铝合金无论在国防领域还是民用领域都将有广阔的发展空间。

3）氧化铍陶瓷工业的发展趋势。在高热导率陶瓷的家族中（包括氮化铝、氮化硼、碳化硅、金刚石等），氧化铍陶瓷仍是优选材料。氧化铍的需求量不断增加，特别是计算机行业，因为计算机运行的速度越来越快，产生的热量越来越大，需要使热量快速消散。

中国的氧化铍陶瓷材料在纯度上较国外有一定的差距。在电子器件上，工业发达国家已普遍应用氧化铍含量为99.5%的陶瓷产品，而中国则较多应用氧化铍含量为99.0%的陶瓷产品，因此纯度不小于99.5%的高纯氧化铍陶瓷的研制是中国未来几年的发展方向。

西北稀有金属材料研究院近年来正在集中力量进行一些原子能反应堆用高品质氧化铍陶瓷的研制。

（4）含铍新材料正在进入应用市场。目前在铍材料领域，除金属铍以外，其他产品的应用量均在增加。铍镍合金（包括铍镍钛合金）能够用在比铍铜更加苛刻的环境中，越来越多地进入电子工业领域；铍和氧化铍金属基复合材料（E材料）也已经在地基和天基电子器件中证明了它们的价值。

第二篇

铍及主要含铍材料的性质与用途

第一章　铍产业链上分布的主要市场产品

开发与完善铍系列产品是一个国家发展国防尖端技术和战略性新兴产业的重要一环，也是国家战略资源利用和储备的重要研究对象。铍产业链上目前分布的主要市场产品如图2-1所示。从图2-1中可以看出，铍产业链的主要市场产品包括铍化合物、金属铍、铍合金、氧化铍陶瓷和金属铍基复合材料。

在这条产业链上，用量少但最重要的是金属铍。金属铍主要用于国防、航空航天、战略能源领域，最关键的国防应用是在战略核导弹上。另外，还包括卫星框架部分和结构、卫星镜体、火箭喷嘴、陀螺仪和导航及武器控制组件、电子封装、数据通信系统和高功率激光器的镜体；金属铍也被用于研究/实验核裂变和聚变反应堆。主要的非国防/非航空航天应用是在X射线管上（管子的一部分由铍做成）和高能物理学领域的一些束流管/窗，最新的商业应用是高级扬声器的音响放大器。在铍的应用领域，铍独特性能所带来的关

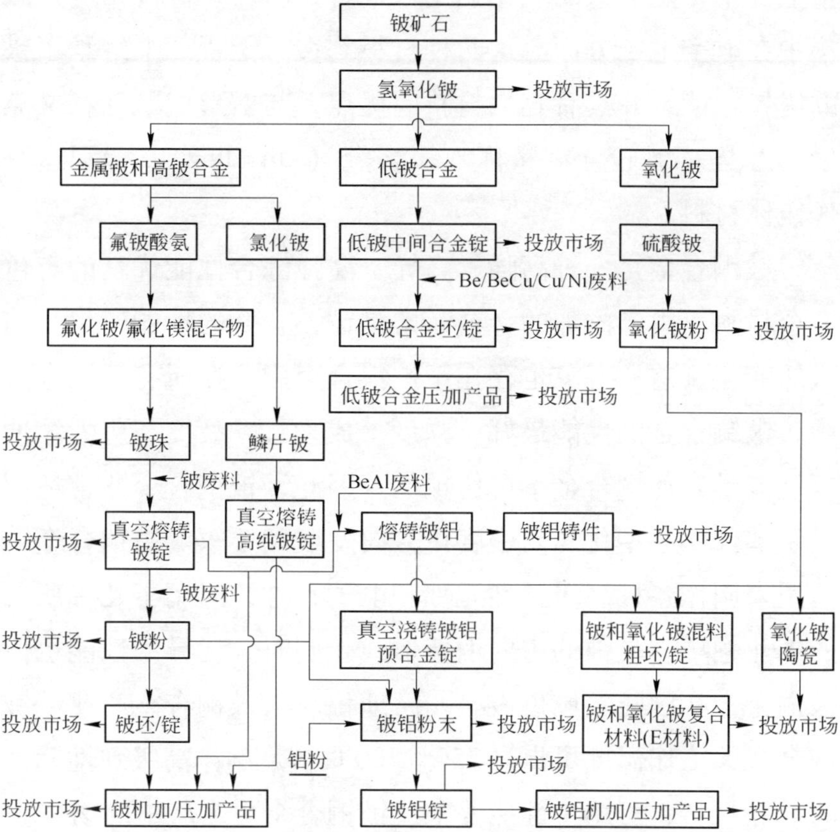

图 2-1　铍产业链主要市场产品分布

键利益是不可以用其他任何材料来取代的，但与其他金属相比，如铝、镁、钛，铍的高价格意味着铍只能用在性能至关重要的特殊领域。

高铍合金大多数是复合材料。高铍铍铝合金，主要用于结构和电子领域、导航和武器控制组件、卫星框架组件和电子封装等方面；民用领域包括 IT、赛车、运动行业，但在数量上并不可观。铍的氧化物纳米复合材料（E材料）应用则集中在航空电子方面。这两种材料都在一定程度上继承了铍的优异性能，并具有其他材料的优点，与铍形成既互补又竞争的态势。铍硅合金又称米拉合金（Mirralloy），特别适宜作镜体材料。

铍铜合金是一种高强、高导、高弹综合性能优良的有色合金材料。由于添加的合金元素是铍，合金的性能产生了惊人的变化，这一现象也存在于铍镍合金中。在所有的铜合金中，铍铜合金的性能最好，强度、成型性、疲劳、应力缓冲等性能是其他铜合金不可比拟的。因此，铍铜合金非常适应电子零件向小型化、高密度化方向发展的要求。铍铜合金主要用来制作各种高级弹性元件和电子元件，应用于几乎所有的工业领域，是铍的主要消费形式。同时，优异的性能也使铍铜合金在国防领域也占有一席地位。与铍铜合金相比，铍镍合金的工作温度可提高250～300℃，是制作高级弹性元件的最好材料，可用于性能要求比铍铜合金更为严格的场合。

低铍铍铝合金主要是作为熔炼镁、铝合金的添加剂。

第二章 氧化铍粉末的性质与用途

氧化铍是铍最重要的化合物之一，分为工业氧化铍与高纯氧化铍两类。在铍矿石的湿法冶金过程中，铍先转化成氢氧化铍，再煅烧成氧化铍。工业氧化铍是一种白色（或浅黄色）粉末，是铍矿石提取金属铍冶金过程中的中间产品，主要用于生产铍铜中间合金，它的前级产品氢氧化铍主要用于生产金属铍和高纯氧化铍。高纯氧化铍主要用于生产氧化铍陶瓷及铍基复合材料。

由于绿柱石十分稳定，普通酸碱在常温下对它不起作用，且氧化铍剧毒，这使它的生产工艺十分困难和复杂。长期以来，虽已研究了不少从铍矿物制取氧化铍的方法，但获得工业应用的迄今只有硫酸法、氟化法、硫酸—萃取法和硫酸—水解法。目前，从铍矿石中提取氧化铍的仅有美国 Materion 公司、哈萨克斯坦乌尔巴冶金厂和中国湖南有色铍业有限公司等为数不多的几家企业。

表 2-1 是湖南有色铍业有限公司工业氧化铍主要杂质含量的典型值。各国生产的高纯氧化铍的化学成分见表 2-2。

表 2-1　工业氧化铍主要杂质含量典型值　（%）

杂　质	Fe_2O_3	Al_2O_3	SiO_2	CaO	MgO	P	灼失
含　量	0.3	0.7	0.3	0.2	0.2	0.05	≤2

表 2-2　各国生产的高纯氧化铍化学成分　（%）

国家/公司	Fe	Al	Si	Mg	Cu	Ni	B	Cr	Mn	BeO
哈萨克斯坦乌尔巴冶金厂	7×10^{-4}	18×10^{-4}	50×10^{-4}	$<1\times10^{-4}$	$<2\times10^{-4}$	$<7\times10^{-4}$	—	—	—	—
美国 Materion 公司	20×10^{-4}	100×10^{-4}	110×10^{-4}	70×10^{-4}	500×10^{-4}	$<2\times10^{-4}$	$<2\times10^{-4}$	2×10^{-4}	20×10^{-4}	—
中国湖南有色铍业有限公司	50×10^{-4}	50×10^{-4}	100×10^{-4}	$<3\times10^{-4}$	$<3\times10^{-4}$	$<3\times10^{-4}$	$<3\times10^{-4}$	$<3\times10^{-4}$	$<3\times10^{-4}$	99.9

第三章 金属铍的性质与用途

第一节 金属铍的基本性质

铍的元素符号为 Be，原子序数 4，相对原子质量 9.02。致密状的金属铍外观呈银灰色。

一、金属铍的物理性质

金属铍的物理性质有：

（1）密度低、熔点高。金属铍的理论密度为 1.842g/cm^3，仅次于镁（1.738g/cm^3），是铝的 2/3，钛的 2/5，铁的 1/4。铍的熔点为 1289℃，是所有轻金属中最高的，是常用轻金属铝、镁的近 1 倍。

（2）比刚度大。金属铍的弹性模量高达 3.03×10^5MPa，约是铝的 4 倍，钛的 2.5 倍，钢的 1.5 倍，铍的比刚度大是铍具有良好尺寸稳定性最主要的原因。铍材不但具有很高的弹性模量，而且还具有较高的屈服强度和抗拉强度。表 2-3 中列出金属铍室温下典型力学性能。铍的强度不是金属中最大的，但因密度小，故比强度高，约是铝合金的 1.7 倍，镁合金的 2.1 倍，钛合金的 1.1 倍，钢的 1.5 倍，在几种主要的金属结构材料中较为突出。

（3）核性质优异。铍的主要同位素有^{6}Be、^{7}Be、^{8}Be、^{9}Be 和^{10}Be，次要的同位素有^{11}Be、^{12}Be 和^{14}Be，自然铍包括

100%的^{9}Be同位素，^{9}Be原子核由4个质子和5个中子组成。铍中子在核中的结合能小（1.666MeV），相当于大多数稳定原子能量的1/5～1/6，在能量粒子（中子、质子、γ射线）的轰击下，很容易释放出中子，因而可以用铍来做中子源以及中子增殖剂。此外，铍还具有所有金属中最小的热中子吸收截面（$9\times10^{-31}m^2$）和最大的热中子散射截面（$6.1\times10^{-28}m^2$）。同时，铍核质量小，降低中子速度而不损失能量，因此，铍是很好的中子反射材料和减速剂。

表2-3　多晶金属铍室温下典型的力学性能

性　能	数　值
剪切模量/MPa	1.35×10^5
体积弹性模量/MPa	1.10×10^5
泊松比	0.01～0.08
弹性模量/MPa	3.03×10^5（a轴2.87×10^5，c轴3.21×10^5）
拉伸强度/MPa	380～413
伸长率/%	2～5
断裂韧性/MPa·$m^{1/2}$	8～24

（4）热性能优良。铍室温比热容为1.926kJ/(kg·K)，是所有金属中比热容最大的，并且铍的比热容随温度的升高还显著增加，这一优异特性一直保持到铍的熔点。铍的吸热能力相当于铝的2.5倍，钛的4倍。在吸收相同热量的情况下，别的金属往往已经熔化，而铍仍能保持良好的工作状态。铍的热导率为216W/(m·K)，与质量相同的其他金属相比，导热性最好。高的比热容和良好的热传导可以降低零

件发热所带来的热梯度影响和不均匀膨胀所造成的内应力，因此在环境温度变化时铍材内部产生的热应力比其他金属小。优良热性能也是铍具有良好尺寸稳定性的原因之一。

（5）光学性质优异。经抛光的铍表面对紫外线的反射率是55%，对红外线（10.6μm）的反射率是99%，特别适合于作光学镜体材料。同时，铍具有密度小、强度高、尺寸稳定性好和良好的热性能等优异性质。因此，在要求轻质高强、能适应昼夜几百度的温差以及要长期稳定运行的太空领域，铍成为首选的镜体以及镜体的支撑材料。

铍对X射线几乎是完全穿透的（是相同厚度铝的17倍），被称为“金属玻璃”，因而铍是X射线窗口的理想材料。

二、金属铍的化学性质

金属铍的化学性质有：

（1）铍在高温下的化学活性比较高。铍对氧、卤族、硫、碳等的化学亲和力比较强，因而在高温下必须十分注意防止铍氧化或与其他元素发生反应，这一点是生产中选用设备、控制工艺条件的基础之一。铍被加热到400～500℃时，氧化逐渐开始，800℃以上氧化迅速加剧。900℃以上，铍与氮发生反应生成氮化铍。高于熔点以上铍与碳发生反应，生成稳定、坚硬的碳化铍。

（2）耐腐蚀。铍的耐腐蚀性能比较好，在很大程度上是由于氧化铍的稳定性。在室温下经过抛光的铍金属表面有轻度的变暗，就是由于生成了一薄层氧化铍。铍能溶于任何浓度的盐酸和硫酸中，但不能溶于冷的浓硝酸中。铍可以与碱溶液作用生成铍酸盐。铍的许多化学性质与铝极其相似。

三、金属铍的缺点

金属铍主要的缺点是价格昂贵，这是由以下三方面原因造成的：

（1）采冶困难。铍的矿石稀缺，含铍量低，且往往不单独存在，采选困难。目前，仅有两种铍矿物（羟硅铍石与绿柱石）对于铍生产具有商业价值。另外，铍矿石的化学稳定性高，许多化学性质与铝极其相似，这些都给铍的冶炼造成极大的麻烦。

（2）脆。由于铍脆，铍坯通常采用粉末冶金成材工艺，生产周期长，成本增加。商业品级的铍材室温延伸率只有2%～5%，机加工过程中容易发生裂、碎、掉边等问题，导致铍的机加工成本非常高。铍的脆性也造成铍的压力加工成品率低，加工工艺复杂。

（3）毒。铍的毒性表现在两个方面：一是人的肺部对铍粉尘产生特定免疫反应，造成呼吸系统感染；二是破损的皮肤直接接触铍粉尘后会产生皮炎。因此，在生产过程中需要对铍毒进行防护，这是造成铍成本高的又一主要原因。

铍金属，尤其是纯度较高的铍金属，在国际市场上不公开出售。2003 年以前，行业杂志还公布生产铍所用原料的价格，但从 2004 年开始就不再公布。2003 年，行业杂志公布的美国 Materion 公司 B26D 等级真空铸锭报价为 325～350 美元/lb，S-65 级铍粉末的报价为 350～400 美元/lb。国际市场铍的价格由 Materion 公司控制。中国铍的生产技术落后于美国，金属铍成品率低，所以金属铍价格更贵。

四、各国生产的金属铍产品的性能

目前只有美国、中国、俄罗斯和哈萨克斯坦拥有生产金属铍的能力。金属铍脆，传统的铍材采用粉末冶金工艺生产，这种方法生产的工业级金属铍纯度通常在 98%～99.5% 的范围内。最近美国 Materion 公司克服了铍的脆性，实现了铍的铸锭源产品的生产，用高纯铍铸锭开坯轧制铍箔。真空铸锭分两种，一种是传统的镁热还原法铍珠熔炼的铍铸锭，另一种是高纯电解精炼鳞片铍熔炼的高纯铸锭。这改变了以往铍板箔材只能由真空热压/热等静压（VHP/HIP）坯锭来生产的现状。

美国生产的商业金属铍材按用途可分为结构级（包含专用于核能的结构级铍材）、仪表级、光学级、热学电子级。不同的用途对某些性能要求会有所侧重，如在核应用上要求中子截面大，对杂质有严格的要求，对力学性能也有一定的要求；仪表级铍材要求如何提高微屈服强度和材料各向同性；光学级铍材则希望氧化铍含量低，材料尺寸稳定性好；热学电子级铍材对力学性能要求较低，但对化学成分需要严格控制。针对不同的性能，需要制定特殊的工艺措施，以控制材料的晶粒度、各向同性、杂质和氧化铍含量。表 2-4 和

表2-5列出了美国 Materion 公司目前生产的商业铍材的基本情况。板箔材的具体情况见表2-6。

表 2-4　美国 Materion 公司生产的铸锭产品和结构级铍材

编　号			MSC-100	SR-200	S-200E	S-200F	S-200FC	S-200FH	S-65C
制粉方法			—	圆盘磨	冲击	冲击	冲击	冲击	冲击
固结方法			铸造	VHP/轧制	VHP	VHP	CP&S	HIP	VHP
典型用途			轧板	热学/电子	结构级	结构级	结构级	结构级	核
成分/%	Be(min)		99.5	98	98	98.5	98.5	98.5	99
	BeO(max)		<0.01	2	2	1.5	1.5	1.5	1
力学性能	σ_b/MPa		276	483	276	324	262	414	290
		纵				372	317	441	372
		横				393	262	414	397
	$\sigma_{0.2}$/MPa		138	345	207	241	172	297	207
		纵				255	207	345	251
		横				241	172	345	251
	δ/%		3.0	10.0	1.0	2.0	2.0	3.0	3.0
		纵	<1.0	<1.0		4.0	4.1	4.9	3.8
		横	<1.0	<1.0		6.0		4.9	6.0

表 2-5　美国 Materion 公司生产的仪表和光学级铍材

编　号		I-70	I-70H	I-220H	I-250	I-400	O-30	O-50
制粉方法		冲击	冲击	冲击	冲击	球磨	雾化	雾化
固结方法		VHP	HIP	HIP	HIP	HIP/VHP	HIP/VHP	HIP/VHP
典型用途		光学级	仪表级	仪表级	仪表/光学级	仪表级	光学级	光学级
成分/%	Be(min)	99	99	98	97	94	99	99
	BeO(max)	0.7	0.7	2.2	2.5	4.25(min)	0.5	0.5

续表 2-5

编号			I-70	I-70H	I-220H	I-250	I-400	O-30	O-50
力学性能	σ_b /MPa	平均	241	345	448	517	345		700
		纵	265	503	634	606		410/300	400
		横	240	490	634	606		405/295	241
	$\sigma_{0.2}$ /MPa	平均	172	207	345	448	210		
		纵	210	338	542	524		300/200	
		横	175	338	542	524		295/198	172
	δ/%	平均	2.0	2.0	2.0	1.5	1.0		
		纵	6	5.1	3.7	3.0		3.6/2.6	
		横	5	5.1	3.7	3.0		3.5/2.5	2.0

表 2-6 美国 Materion 公司生产的板箔材

产品	箔材		板材	
牌号	IF-1™	PF-60™	PS-200™	IS-50M™
原料	真空熔炼电子精炼鳞片铸锭	VHP 坯锭	VHP 坯锭	真空熔炼铍珠铸锭
Be/%	99.8	99.0	98.5	99.0
BeO/%	0.06	0.8	1.5	0.5

中国西北稀有金属材料研究院生产的金属铍材常用的是 RJY-40 级热等静压铍材和 CN-01 级热压铍材，性能见表 2-7。哈萨克斯坦生产的热压进而热等静压铍材的性能见表 2-8。

表 2-7 中国西北稀有金属材料研究院生产的铍材

编号	制粉方法	固结方法	化学成分/%		力学性能		
			Be(min)	BeO(max)	σ_b/MPa	$\sigma_{0.2}$/MPa	δ/%
RJY-40	冲击	HIP	98.5	1.0	411	308	3.0
CN-01	冲击	VHP	99	1.0	350	240	3.0

表 2-8 哈萨克斯坦乌尔巴冶金厂生产的铍材性能

编号	制粉方法	固结方法	化学成分/%		力学性能		
			Be(min)	BeO(max)	σ_b/MPa	$\sigma_{0.2}$/MPa	δ/%
HIP-56	冲击	HIP	98.5~98.7	1.2~1.6	435	340	2.5
HP-56	冲击	VHP	98.5~98.7	1.2~1.6	385	290	2.0

第二节 金属铍的应用

金属铍价格昂贵，大多只应用于性能超过价格因素的国防和航空航天领域，以及其他材料性能无法满足要求的商业领域。金属铍的应用大致分七个方面，即核能、惯性导航、光学系统、结构材料、热学、高能物理学和典型商业应用。

一、金属铍在核能中的应用

铍优异的核性能使铍得到了“核时代金属”的桂冠，在核应用上，铍相对于其他核材料，如 Zr、石墨、重水等的优点在于：

(1) 金属铍具有所有金属中最小的热中子吸收截面，能有效地使中子返回堆芯。因此，在需要考虑体积和质量的反应堆中，金属铍是首选的反射层材料。再者铍轻，也使它成为空间反应堆的首选材料。

(2) 铍作为核反应堆的减速剂，与重水相比，不会像重水那样在 100℃ 下蒸发。

(3) 铍优良的热性能和力学性能，使从反应堆中稳态移出热的设计变得容易。

（4）铍原子序数低，对堆芯造成的污染小。

铍作为减速材料、反射材料和燃料包壳材料、增殖材料的核应用始于第二次世界大战期间，并在20世纪50年代末期得到了较大的发展。这一时期的铍工业特别是技术发展突飞猛进。1956年，美国原子能委员会就给予国内Materion和卡韦基两家公司5年期合同，要求每家每年生产约45t金属铍。铍还被大量应用于核弹头的反射层和引爆器。

根据国际核安全中心的数据，目前在全世界66个国家共运行着382座研究用原子能反应堆。在这些反应堆中，有82座（约占总数的21.5%）在核反应堆芯区使用铍反射层。图2-2所示为爱达荷州国家工程和环境实验室（Idaho National Engineering and Environmental Laboratory，INEEL）先进试验反应堆（advanced test reactor）使用的铍组件（第六次更换）。

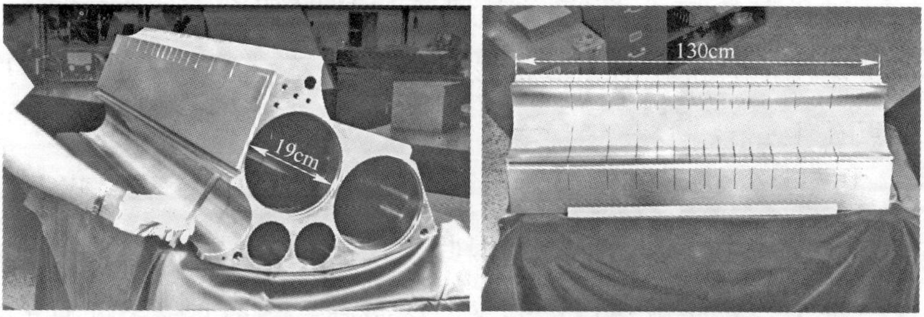

图2-2 先进的实验反应堆铍反射层侧面和端面图

铍在舰载、潜水艇、宇宙飞船、飞机能源系统用轻质、小型反应堆和空间反应堆也得到了广泛的应用。2011年美国发射核动力木星卫星探测器（JIMO），核反应堆的设计由洛斯阿拉莫斯国家实验室完成，采用铍反射层。美国计划建造月球核反应堆预计也将使用金属铍。中国开发的用于中子照射分析检测实验室用微型反应堆，所用的铍制反射体包括一个内径220mm、外径420mm、高240mm的短圆筒和上下端盖等共近60个铍制部件，1980～1997年西北稀有金属材料研究院共计提供了11套微型反应堆用铍组件。

托克马克聚变反应堆（Tokamake Fusion Reactor，TFR）是未来战略能源发展的目标之一，由于铍的优异核性能，对氧的亲和力和吸气作用提高了等离子体的纯度，以及原子序数低对等离子体的污染小，使大多数托克马克聚变反应实验堆选择了铍作为直接面对等离子体的材料。1983年由欧共体12国和瑞士、瑞典共同筹建的“欧洲联合环”（Joint European Torus，JET）开始运行。从1988年起，铍替代氟氯化碳（CFC），用作面对等离子体瓦片和蒸汽器，每一次的用量超过3t，最近的一次更换是在2006～2007年，共计用了4.4t的铍板，如图2-3所示。

图2-3　JET上使用的铍板（2006～2007年更换后）

国际热核聚变实验反应堆项目（International Thermonuclear Experimental Reactor，ITER）是目前全球规模最大影响最深远的国际科研合作项目之一，其目标是验证和平利用聚变能的科学性和技术可行性，它的最关键核心部件是由铍板、铜板、不锈钢板构成屏蔽模块，也称第一壁板。铍是第一壁板中直接面对等离子体的材料，ITER 预计需要 1684 块、总计 13t 金属铍。

美国国家点火装置（National Ignition Facility，NIF）是世界上最大的、输出功率最强的激光核聚变装置，装置的核心部件是包含放射性氢同位素氘和氚的铍密封缸。铍制密封缸是国家点火装置点火舱设计的重点之一。

但铍在商业能源反应堆中的大规模应用却受到了阻碍，主要原因是铍在中子流的辐照作用下，核反应所产生的氦会导致铍产生肿胀，产生氦脆性，使材料延性降低，大大缩短铍制材料的寿命，因此长期运行的核反应堆必须定期更换铍，而铍的价格高，定期更换是商用能源反应堆无法承受的。现在一些先进的核反应堆正在发展一种等离子喷涂技术，已成功地生产了厚度达到 1cm 以上的高质量铍涂层，对损坏的铍进行维修，有望改变铍定期更换的局面。另外，在商用发电反应堆（动力反应堆）中铍优越性能带来的好处不如研究性核反应堆那么重要，因为动力反应堆要大得多，并不产生那么多中子，可以不用铍来作热中子的反射层和减速剂，目前铍在商用反应堆中应用很少。

铍作中子源有 Am-Be、Po-Be、Be-Sb 中子源，其中 Be-

Sb 中子源应用最为广泛。铍还经常用作在核物理学研究中产生中子的靶材，如橡树岭电子直线加速器（ORELA）上的中子靶就是用铍块制造的。

二、金属铍在惯性导航系统中的应用

（一）金属铍在惯性导航中的优势

铍制惯性器件主要有以下几个优点：

（1）金属铍优异的尺寸稳定性减小了零件的变形，大幅度提高惯性仪表的精度。

（2）铍质量轻，在同样旋转的速度下，受的惯性力小，材料变形小，加上铍刚度高，可以将零件做得更小更薄。

（3）铍的比热容高和热导率好可减少因零件发热所带来的热梯度和不均匀膨胀造成的内应力，材料变形小，精度提高。

（4）铍无磁可免受其他磁性材料的干扰。

（5）铍的辐照稳定性好，可以减少在核爆炸时被辐照破坏的可能。

（6）大多数惯性系统由不同的结构材料组成并在高温下运行，材料之间热性能和热匹配是惯性器件运行稳定的关键，铍与其他结构主材钢、钛合金的线膨胀系数相当，热匹配性好，达到热平衡的时间短，产生的应力小。

（7）质轻可提高运行系统的整体性能，如洲际导弹末级惯性平台减轻 1kg 的质量，发射质量可减少 100kg，从而节省燃料费数万美元，并增加 8km 的射程。

表2-9列出了惯性器件常用的几种材料，从中可以看出金属铍的各项性能指标都优于其他结构材料（仅密度比镁略高），目前还没有一种其他金属能够达到用铍作主材的惯性器件导航时所能达到的精度，金属铍是最好的惯性导航系统用材料。20世纪60年代美、苏两个国家完成了惯性导航系统用材从硬铝到铍的转变。

表2-9 惯性器件常用材料的性能对比

性　能	铍	钢	硬铝	钛	镁
密度/$g \cdot cm^{-3}$	1.84	7.86	2.78	4.73	1.8
弹性模量/GPa	303	182	69	105	45.5
线膨胀系数/K^{-1}	11.3×10^{-6}	11.1×10^{-6}	23.6×10^{-6}	8.2×10^{-6}	26×10^{-6}
导热系数/$W \cdot (m \cdot K)^{-1}$	180	36	164	22	156
比热容/$J \cdot (kg \cdot K)^{-1}$	2180	486	883	523	1005
比刚度（钢=1的比值）	7.1	1.0	1.1	1.0	1.1
微屈服强度/MPa	80~120	28	28	52	8
热扩散率/$m^2 \cdot s^{-1}$	50.5×10^{-3}	9.4×10^{-3}	66.3×10^{-3}	8.9×10^{-3}	63.0×10^{-3}

（二）金属铍在战略导弹惯性导航系统中的应用

应用铍材作为结构主材的三浮（液浮、磁悬浮、动压气浮）陀螺仪和陀螺加速度计的机械式惯性仪表仍旧代表当今及未来惯性技术发展的最高水平，并在陆、海基洲际核战略导弹武器系统及核潜艇等的制导和导航应用上具有不可替代的地位。

铍在战略导弹的惯性导航系统的应用始于20世纪50年代末60年代初。美国研制第二代战略武器要求实现惯性器件小型化、高精度。当时民兵导弹使用的是铝制G6动压陀螺，当转子高速旋转时，由于材料的刚度低，转子变形达1.88μm，使G6陀螺精度降低，而且出现了严重的转子卡死现象，出现卡死还与铝材热匹配性能差有关。G6动压陀螺结构材料改为铍后，转子变形减小到0.3μm，解决了转子变形和连接处热匹配问题，并且大大提高平均故障时间间隔。1963～1969年，美国生产了800个民兵-2稳定平台和30个以上民兵-3平台，到1973年，共生产G6B4型铍陀螺仪5000个。图2-4所示为民兵导弹铍制惯性制导系统。

图2-4　民兵导弹铍制惯性制导系统

和平保卫号（MX）是美国第四代陆基战略导弹，20 世纪 70～80 年代部署了 50 枚。和平保卫号使用的惯性导航参考球（AIRS），约耗用了 9kg 的金属铍。此外在导弹的第 4 级使用了金属铍，第 4 级是弹头，其中载有 8 个姿控发动机，这些发动机的推力室是由 1kg 的铍坯加工而成的。美军三代“北极星”、“海神号”和“三叉戟（Trident）”海基潜射弹道导弹，使用铍制惯性导航系统。

自从 2002 年布什总统签署国家导弹防御计划以后，美国开始全力构筑国家导弹防御系统，该计划中的许多部分如地基拦截导弹系统（Ground-Based Interceptor，GBI）、三叉戟、外大气层猎杀装置（Exoatmospheric Kill Vehicle，EKV）（见图 2-5）、轻量外大气层弹道（Lightweight Exo-Atmospheric Projectile，LEAP）、导航元件（见图 2-6）、涂层、电子基座均大量使用铍。

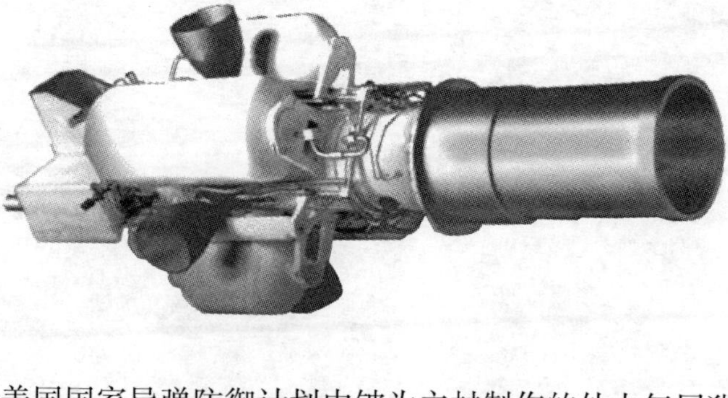

图 2-5　美国国家导弹防御计划中铍为主材制作的外大气层猎杀装置

（三）金属铍在核潜艇惯性导航系统中的应用

铍的应用彻底改变了核潜艇惯性导航的精度，如北极星

图 2-6 美国国家导弹防御计划中使用的
铍制惯性导航铍惯性测量单元

导弹核潜艇用的 MK1mod0 液浮陀螺改用铍材后，不但精度提高了 10 倍，而且质量减轻了 75%，废品率也降到了 3%。在静电陀螺仪中，铝转子的最高精度仅为千分之 1°，而铍是十万分之 1.4°，比铝提高了两个数量级。自从 20 世纪 50 年代末美国实现陀螺仪用材从铝向铍的转变之后，核潜艇导航用的惯性导航器件一直采用铍材制作，无论陀螺仪的种类如何变化，用铍是不变的原则。

1978 年，洛克韦尔（Rockwell）公司完成静电陀螺导航仪工程（Electrostatically Supported Gyro Navigator，ESGN）样机（军用型号 AN/WSN-3），采用 ϕ10mm 实心铍球转子。该静电陀螺监控器 1979 年陆续装备了美国三叉戟弹道导弹核潜艇和拉菲特级核潜艇，1985 年开始装备攻击型核潜艇和水面潜艇，截至 2005 年，美国海军几乎所有的攻击型核潜艇都已换装为 AN/WSN-3 型静电陀螺导航仪。

俄罗斯中央电气仪表研究所采用 ϕ50mm 空心铍球转子静电陀螺仪。1975 年其陀螺漂移已达到 0.0005°～0.0001°/h，并用于静电陀螺监控器中，于 1985 年装备了“台风”级导弹核潜艇。法国于 1993 年以自己研究的静电陀螺为核心敏感元件组成了静电陀螺监控器，装备法国新一代“凯旋”号导弹核潜艇。

（四）金属铍在航空航天上的应用

在多种战斗机、卫星、运载火箭、长航距民航飞机中，铍制精密惯性导航系统得到了广泛的应用。应用实例有：霍尼韦尔（Honeywell）公司用 ϕ38mm 空心铍球转子制作的惯性导航系统 SPN/GEANS（军用型号 AN/ASN-136 系统），每个 ϕ38mm 空心铍球转子重 10g，成本价为 1.7 万美元，SPN/GEANS 惯性导航系统用于 B-52 战略轰炸机和 F-111 隐形战斗轰炸机，使投弹圆概率误差和导弹系统的初始对准误差大大减小。20 世纪 80 年代，该系统改进成为精密惯性测量系统 GEO/SPIN，广泛用于海、陆、空大地测量；美国土星运载火箭第一个全铍平台 ST-124 应用之后，导航精度提高了 10 倍；在“阿波罗”登月飞船、玛捷拉（Magella）飞行器的导航平台、波音客机 707、747、F-15 以及 F-16、F-18、F-22 战斗机都应用了铍制惯导系统；美国航天轨道器企业号和哥伦比亚号上的导航仪表基座也用到了铍。

铍制惯性陀螺仪不仅能测量经纬度、高航程以实现导航，还可以精确测量重力异常。2004 年 4 月，美国国家航空航天局（NASA）发射了第二颗重力探测器卫星（Gravity

Probe B Satellite，GP-B)，该卫星上携带着4个铍制陀螺仪，用来精确测量重力变化，用来证明爱因斯坦的广义相对论，确定物理学时空领域的下一步研究动向。

三、金属铍在光学系统的应用

(一) 金属铍在光学系统中应用的优点

经抛光的铍表面对紫外线的反射率是55%，对红外线(10.6μm)的反射率是99%，特别适合于作光学镜体材料，尤其在红外光学系统。除对材料的光学性能要求外，轻质光学系统还要求镜体及其支撑材料具有密度低、刚度高、热稳定性和尺寸稳定性好等特性，这些与惯性仪表级铍材的要求是一样的，因此初期铍的光学应用只是惯性应用的延伸。光学级铍材和仪表级铍材相比，对尺寸稳定性的要求没有仪表级高，但需要严格的控制杂质含量，尤其是控制氧化铍含量，以利于抛光，得到更好的光学性能。表2-10列出了一些常用光学材料的性能对比。

表2-10 常用光学材料性能对比

镜面材料	密度 ρ /g·cm^{-3}	弹性模量 E/GPa	线膨胀系数 α/K^{-1}	热导率 κ /W·(m·K)$^{-1}$	比刚度 E/ρ /GN·m·kg^{-1}	热变形系数 α/κ
铍	1.85	303	11.4×10^{-6}	216	155	0.052×10^{-6}
烧结碳化硅	3.04	330	2.4×10^{-6}	70	112	0.014×10^{-6}
微晶玻璃(Zerodur)	2.53	92	$\leqslant0.09\times10^{-6}$	1.6	36.4	0.056×10^{-6}
超低膨胀玻璃(ULE)	2.21	67	0.015×10^{-6}	1.30	30.3	0.012×10^{-6}

续表 2-10

镜面材料	密度 ρ /g·cm^{-3}	弹性模量 E/GPa	线膨胀系数 α/K^{-1}	热导率 κ /W·(m·K)$^{-1}$	比刚度 E/ρ /GN·m·kg^{-1}	热变形系数 α/κ
Al	2.70	68	22.5×10^{-6}	167	25.2	0.13×10^{-6}
Si	2.33	131	2.6×10^{-6}	156	56.2	0.017×10^{-6}
熔石英	2.19	73	0.50×10^{-6}	1.40	33.3	0.36×10^{-6}

从表 2-10 中可以看出金属铍与其他镜面材料相比具有很多优越性能，具体如下：

（1）铍的比刚度高。在受同样冲击的情况下，铍最能抵抗变形，减少光路扭曲。对于高速旋转或摆动的扫描镜体而言，同样的旋转速度，质量越轻产生的惯性力矩越小，铍制镜体的受力最小。如玻璃光学转镜的最高转速为 10×10^4r/min，而铍转镜的转速可达到 35×10^4r/min 以上。铍制扫描镜的振荡频率可以在 1kHz 以上。

（2）铍具有最高的比热容、热导率。当温度变化时，容易达到热平衡，产生的热应力小有助于减少因热瞬变导致的热变形所引起的性能不稳定，允许光学系统快速升温或降温，特别是在低温领域铍的优良性能更加明显，非常适用于太空昼夜变化几百度的温差环境。

（3）相对于碳化硅、玻璃等其他镜体材料，金属铍的机械加工工艺性能良好，是最有可能制成大尺寸镜体的材料。

因此，金属铍是最具竞争力的光学镜体材料，特别是在太空环境中。对于动态（振荡或旋转）系统中工作镜体，铍是最佳材料。另外，铍也适宜作镜体的支撑材料，因为铍刚度高、质轻，可以将部件做的更小更轻，而铍尺寸稳定性高也保证了镜体的尺寸稳定性和使用寿命，铍做镜体的支撑材料比作镜体更具竞争力。

近几年，铍在精密光学系统应用明显增加，多数应用于航空航天领域，但也有相当数量应用于陆地。

（二）金属铍在光学系统中的应用

在军事领域，铍镜最初的应用是夜视系统和红外照相机，现在各种导弹的红外光学系统、雷达的红外传感器、卫星（预警、通信、侦察等）红外传感器和光学系统、无人驾驶的飞行器的光学系统、核爆探测器、国家导弹防御计划中的地基拦截导弹系统中红外传感器和光学系统一般均采用铍镜和铍支撑结构件。

铍镜和铍镜支撑结构件制成的战略飞行器和坦克的扫描机监测系统的红外光区和激光区导航部件（战略光学系统），使战斗机能在漆黑的条件下高速飞行并能躲过雷达的跟踪，飞行员在黑暗的低空飞行也能发现目标，安置在其外的“信号”目标箱中也有铍镜及其支架结构。对于战略光学系统，铍是唯一能够满足质量和性能要求的材料。F-15、F-16、F-18、F-22、F-35 和联合攻击战斗机（Joint Strike Fighter，JSF）等战斗机上均配备这种战略光学系统。图 2-7 所示是美国陆军 OH58D 侦察直升机桅杆上瞄准器的铍制光具座，用铍总量达到了 42.8kg，刚性铍框架消除了直升机马达运行时产生的振动，使传感器很好的成像。

坦克和战斗机射击控制系统的镜体要求快速转动、骤然

图 2-7 OH58D 桅杆上用的铍制光具座

停止而不受振动的影响，铍的低惯量和高刚度适于这一特殊应用的要求。铍的使用大大提高了坦克的性能，德国欧洲豹式坦克先进射击系统使用铍后在北大西洋公约组织的射击比赛中年年获胜。美国 M1A2 坦克使用铍镜，射击功能也较 M1A1 坦克有很大改善。坦克的市场比较大，仅 1990 年 Materion 公司就完成了欧洲豹式坦克先进射击系统用的 650 个铍镜毛坯，韩国的 K-1 主战坦克的控制系统用 280 个铍镜毛坯。图 2-8 所示是坦克射击系统用铍镜毛坯。

图 2-8 坦克射击系统用铍镜毛坯

铍光学应用的另一个广阔市场是卫星和太空望远镜红外传感器与光学系统。在铍资源和气象卫星中，铍摆镜和转镜的应用十分普遍，如美国地球观测卫星（Earth Observation Satellite，EOS）使用了铍扫描镜，国家海洋和大气局先进超高分辨率辐射计（Advanced Very High Resolution Radiometer，AVHRR）扫描镜及扫描镜基座均用金属铍制作，TRMM/VIRS、胡斯（Goes）-8 和 ADOES 卫星均使用铍镜体。

在红外天文望远镜中铍镜体的使用也十分常见，如阿波罗望远镜（Apollo Telescope）支架上的 X 射线望远镜、旅行者（Voyager）中的红外线天文卫星、史匹哲太空望远镜（Spitzer Space Telescope，SST）等。

2013 年，美国航空航天局发射的太空望远镜——詹姆斯韦伯太空望远镜（James Webb Space Telescope，JWST）替代老化的哈勃太空望远镜（Hubble Space Telescope，HST）。为了使该望远镜具有更高的观测性能，帮助天文学家观察到 10 亿～11 亿光年的距离，发现宇宙大爆炸时期产生的星系，探索宇宙起源，JWST 设计要求使用大尺寸的镜体，主镜尺寸达 6.5m（由 18 块 1.52m 的镜子拼接而成）。在 JSWT 主镜材料的竞选过程中，铍表现出优异的热学和力学性能，击败所有的竞争对手（与铍有竞争力的主要是 ULE、Zerodur）。詹姆斯韦伯太空望远镜虽然比哈勃大，但因镜体材料是铍，质量只有 6.2t，约是哈勃质量的一半（哈勃主镜尺寸为 2.5m，材料是 ULE，质量为 11t）。图 2-9 所示为詹姆斯韦伯太空望远镜使用的铍镜体，六边形对角直径达 1.52m。

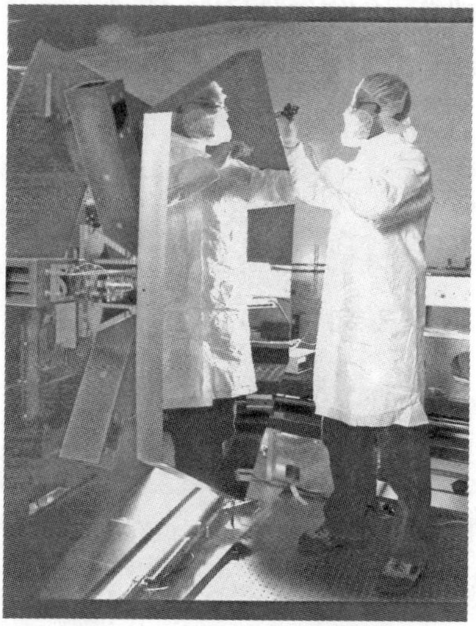

图 2-9 JWST 铍镜

与铍镜相比，铍作为镜体的支撑材料在卫星和太空望远镜中的使用更加普遍，因为不论是何种材料制作的镜体，都需要高尺寸稳定性的材料对其进行支撑，以减少振动提高成像质量。在海怪（Viking）的摄像机外壳、高能天文台（High Energy Astronomy Observatories，HEAO）的光具座和准直器、数字信号处理（Digital Signal Processing，DSP）中的光学支承件、中继通信卫星（Relay）镜体试验的光学结构件、地球观测卫星的中等分辨率成像分光计的外壳和光学支撑件、GMS 的光学支撑结构件、测量信号到达角度（Arrival of Angle，AOA）的光学支撑结构件和基座、哈勃太空望远镜光具座等都是使用铍材制作。图 2-10 所示是詹姆斯韦伯太空望远镜中用铍材制作的红外照相机的光具座。

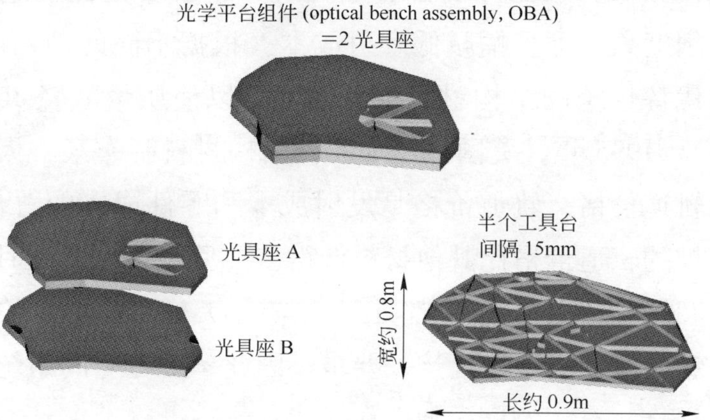

图 2-10 JWST 红外照相机光具座

为军事应用开发的如今也用于民用的全球定位系统中大量使用了金属铍，以实现精确的定位和导航。在空中交通控制雷达、航线监视雷达中铍的应用也很多，以保证空中飞行的安全。

铍在一种可见红外旋转扫描辐射计（VISRR）中的应用很出名，此仪表在与地球同步的运行轨道上成功地向人类提供了白天和黑夜的地形测绘图。

四、金属铍作为结构材料的应用

铍作为结构材料的优势在于它比刚度高，使构件的质量体积达到最优化，并保证结构件的自然频率高于某一数值而避免共振。

铍价格比较高，在地面应用铍结构件不占优势，但在航空航天领域，铍制作的部件小而轻，这主要是因为它密度低、刚度高，可大幅减低发射成本（根据不同的结构部件，用铍代替传统的结构材料，理论上可以使质量减轻 30% ~ 60%）。1995 年，美国计算了几种结构材料制作某一太空零件的轨道价格，轨道价格是发射成本和零件成本的总价格，发现铍的轨道价格比其他材料低得多，见表 2-11。同时大多数空间结构件在工作中都处于压应力状态，对刚度的要求高，铍的刚度高也满足这一要求。因此，铍在空间系统特别受重视，享有“空间金属”的盛名。

表 2-11 几种常用的结构材料制作某一零件的轨道价格

成本要素	6061T6Al	Ti6A14V	Be	3O4SST
零件成本/美元	3500	14500	30500	9500
零件质量/kg	36. 54	35. 97	5. 17	35. 13
发射成本/美元	805500	793000	114000	775000
轨道价格/美元	809000	807500	144500	784500

美国在航天飞机的各个方面使用了相当数量的高延性铍材部件，如窗框架和门框架系统、风挡隔环、垫圈、悬梁、脐门、壳体、梁和蒙皮等。在卫星上铍作为结构件的使用更加普遍，包括天线、天线支座、桁架、横梁、蒙皮和壳体等。在美国新近的卡西尼（Cassini）土星探测器和火星漫游者两个太空计划中为了减轻质量，大量使用了金属铍部件。

现代飞机一般都具有很高的速度，故在设计飞机时会遇到空气动力弹性问题，为了降低阻力和空气动力复合，机翼应该做得很薄，且要考虑克服推进系统的声音所引起的颤动，同时因高速引起的高温会降低材料的弹性模量，造成机翼的不稳定，金属铍的刚度大于飞机上常用结构材料的刚度，并具有良好的高温性能，可以使飞机具有更高的飞行速度，如YF-2-3型飞机的腹翼由钛改为铍铝合金后，弦向刚度提高了800%，扭转刚度提高了500%，飞行速度可达声速的5~8倍。若刚度相等，用铍来制作机翼，其所需要的质量不到镁、铝、钛的一半。因此，铍在军事飞机上应用的结构件十分普遍，包括方向舵、侧翼前缘、仪器支承件和阀门等，美国F-4鬼怪式飞机使用铍制尾舵和翼箱后，与铝相比，部件的质量减轻30%以上，扭转刚度提高5倍。在民用飞机上主要是一些超音速飞机。

同样，刚度好、质轻也使铍在导弹上作为结构件得到了大量的应用，如转接壳体、纵梁、控制隔舱、蒙皮、头罩、重返器等。海神号海基发射战略导弹的弹头圆锥形顶端部分使用了大量的金属铍，据说数量达到了181t。

另外，铍制结构件减轻质量，故用铍可以增加空间飞行器有效载荷/航程/寿命。如一种运输机，用金属铍代替铝合金，载重可由113t增加到182t。若载重量不变，航程半径可由8850km增加到13600km；1.8t的钢制短程导弹若用铍制造，质量可减少226kg，射程增大60%；卫星每节约0.4536kg(1lb)的质量，便能够少充填约3.18kg(7lb)燃料。因此，即使抛开铍优良的物理性能，单使用铍作为结构部件所带来的益处也是巨大的。当然有时铍的其他性能也很重要，如铍优良的热性能使它成为重返大气层飞行器的结构部件。

五、金属铍在热学系统中的应用

铍具有所有金属中最高的热容量，熔点也是轻金属中最高的，比热导率也是金属中最大的。铍的热学应用基本可以分为两大类：第一类是利用铍吸热好这一特点，将铍作为轻质、高效的吸热材料，主要包括吸热器、热屏蔽零件、散热器、开关部件、火箭发动机喷嘴和控制推进器、电子“黑盒”以及宇宙飞船的吸热外盖板等；第二类是承受载荷并在高温下具有一定力学性能的结构件，这类应用引出了热学品级的铍材，它们具有严格控制的化学成分，可以改善铍在广泛温度范围内的延伸率，同时避免热脆性造成的断裂问题。热学品级的铍材还具有抗冲击能力，这使得火箭发动机可以重复点火，并在多次循环中保持性能不变。另外，由于铍对于多种常用火箭推进剂及其燃烧产物都是化学惰性的，因此不需要保护性涂层。

六、金属铍在高能物理学领域中的应用

在高能物理研究领域，金属铍作为同步加速器束流管/束流窗口材料相比于其他可选结构材料如镁、防锈铝、钛，其优点如下：

（1）铍物质量最低，对信号粒子的多次散射最小，提高了粒子的动量分辨率。

（2）热容大和热导率高，可有效带走粒子对撞后作用

于束流管/束流窗口的热量，使束流管/束流窗口的热量不升高。

（3）铍强度高，能承受内外腔的真空压差。

（4）铍无磁性，对聚焦磁场不产生干扰。

（5）铍耐腐蚀，能承受束流管/束流窗口的冷却介质的腐蚀。

因此，铍是同步加速器束流管/束流窗口最佳选择材料。目前国外高能物理学研究领域，同步加速器上的束流管/束流窗口几乎全部使用铍和铍铝合金，如德国电子同步加速器、欧洲核子研究中心的大型强子对撞机、美国能源部布鲁克海文国家重点实验室的相对论重离子对撞机等。

2006 年西北稀有金属材料研究院突破了北京正负电子对撞机真空束流管用薄壁铍管成型及精密加工技术，与中国运载火箭研究院航天材料及工艺研究所、四川材料与工艺研究所共同研制出中国第一套以铍材为主的多种材料组成的全焊接超高真空束流管，实现中国铍材在高能物理学应用领域的突破。

七、铍的重要商业用途

（一）商业应用铍的原因

铍的商业应用并不是一个新领域，铍的最初应用就是作为 X 射线管的窗口材料，这一重要的应用一直持续到现在，是铍主要的也是最早、最重要的市场之一。同铍的国防军工、航空航天和战略核能等应用领域一样，在商业领域也只有两种情况下才会选择铍：一是成本有效性能够得到证实，二是只有铍才能够满足要求。近十几年来，美国铍金属商业应用一直有持续的增长需求，应用兴趣的增加主要由以下几个因素造成：

（1）在高技术设备中，部件对材料的性能要求提高了。

（2）在工业系统，客户对设备性能和精密程度的要求日益提高。

（3）一些新应用或生产方法的研究对材料的要求明显提高。

（4）工业界的设计者和工程人员提高了对铍金属的了解和接受程度，产生了应用其独特性能的愿望。

（二）金属铍在X射线领域的应用

铍对X射线几乎是透过的，且用金属铍制作的窗口不易损坏，而用其他材料，如有机材料，制作的X射线窗口往往容易损害。铍材作为X射线窗口、管等组件得到了广泛的应用，主要有两个市场，一是在医学成像诊断设备中。铍在高分辨率医疗射线摄影装置作为X射线窗口材料具有垄断性，目前还没有哪一种材料能够替代铍，如骨X射线照相术、计算机层析X射线扫描器（CT），乳房X射线照相术、超声诊断监视仪等。另一个是在工业/分析设备上，如电子显微镜、工业探伤仪、X射线衍射、X射线荧光分析，行李的X射线检查仪、原位分析、计数器等。在工业/分析领域，铍制X射线窗口材料既能保证无损探伤又能保证成像的质量和分析能力，因此需求量也正在不断地增加。图2-11所示为Materion 生产的 X 射线窗口材料。铍对 X 射线良好的透过性和尺寸稳定性，使铍成为 LIGA（平板印刷术、电镀和模制）工艺十分适用的基片材料。

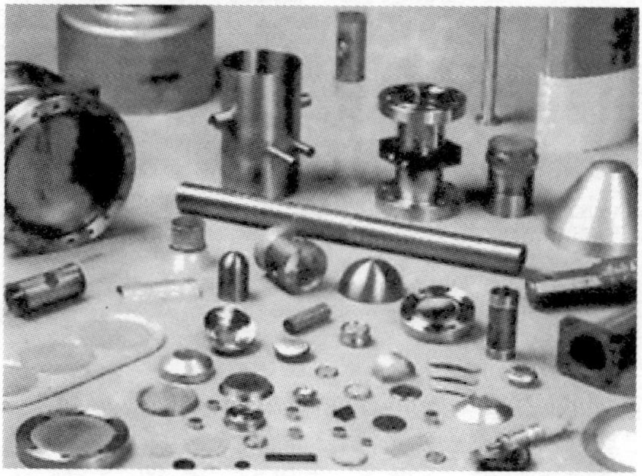

图 2-11　Materion 生产的 X 射线窗口、管等材料

（三）金属铍在高端音响中应用

铍具有质轻、刚度高、音速快、频率响应宽（频宽 1 ~ 40kHz）等优良特性，使铍非常适合用来制造扬声器振动膜。铍的音速高达 12.5km/s，较钛金属快 3 倍多，在金属中首屈一指，仅次于结晶钻石。虽然铍制扬声器振膜有很多优点，很多大型音响公司，如雅马哈（Yamaha）、先锋（Pioneer）等，在 20 世纪 70 年代就开始使用铍做扬声器振膜，但由于制作复杂，很少真正投放市场。直到 2003 年，法国劲浪（JMLAB）才与材料供应厂商一起合作，掌握了铍振膜生产工艺。现在，铍音膜是一个正在不断扩大的市场，铍制振动音膜制作的音响已成为各大音响公司旗舰产品必不可少

的一部分。图 2-12 所示为 Materion 公司生产的铍音膜。

图 2-12 Materion 公司生产的铍音膜

（四）金属铍在铝合金、镁合金和钛合金中的应用

当少量的铍（0.005% ~0.05%）添加入铝基合金熔体时，可引起表面形成一层保护性氧化铍薄膜。这层薄膜能减少熔渣，提高金属产量和纯洁度，改善流动性，还能很好地控制镁含量。另外，铍与氧和氮亲和力大，能高效去除熔体中的气体，得到纯净优质铸件，铸件表面光洁度好、强度和塑性高。铸造时，铍还有助于减少金属与砂型起反应，防止镁优先氧化。往铝基合金中添加 0.005% ~0.02% 铍时，还能改善铝材的抛光和磨光特性。

镁合金与氧接触时，氧化和燃烧特别剧烈，添加 0.001% 这样少量的铍，就使镁着火温度提高 200℃。熔炼时，少量的铍添加剂还可使镁损失减至最低程度，以及在熔炼时不使用熔剂。更重要的是着火温度的提高，可防止浇铸时铸模内发生燃烧现象，减少金属与铸模的潮气反应，可在没有抑制剂的情况下使用湿型砂。镁合金熔炼时加入铍还有一个优点是将铁从熔体中去除。在钛合金中，铍是最有效的晶粒细化剂，加入0.05%铍就能将几百微米的钛铸件晶粒细化到几十微米。

(五) 金属铍作为高能燃料的应用

铍粉在燃烧时能够放出很高的热量，是几种高能燃料之一。根据理论计算，燃烧1kg金属铍产生72013kJ热量，是铝的2.5倍、磷的3倍、硫的6倍。氢化铍的燃烧热更大。因此，金属铍和氢化铍是火箭和导弹高能固体推进剂及高能燃料的添加剂。

(六) 金属铍在其他商用惯性关键装置中的应用

许多设备受到惯性关键部件的制约，这对于生产连接器和高速旋转部件的工业部门尤其如此。铍的比模量高，代替其他材料制造轻质件可以提供更好的稳定性，如高速驱动轮，激光传真设备中的高速旋转的扫描镜体也是如此。

第四章　铍铜合金的性质与用途

第一节　铍铜合金的性能与牌号

铍铜合金是一种综合性能优良的有色合金弹性材料，具有高强度、高硬度、高导电性、高导热性、耐疲劳、耐腐蚀、弹性滞后小、无磁性、冲击时不产生火花等优良性能，在所有铜合金中综合性能最好。世界上各国生产的铍铜主要牌号及化学成分（质量分数）见表2-12。

表2-12　铍铜合金牌号及化学成分　　（%）

合金类型			合金代号	Be	Ni	Co	其　他	Cu
加工铍铜	高强度	日本	C1700	1.6～1.8	0.20	—	—	余量
			C1730	1.8～2.0	0.20	—	—	余量
		美国	C17000	1.60～1.79	≥0.2	≥0.6	0.20Si，0.2Al	余量
			C17200	1.8～2.0	≥0.2	≥0.6	—	余量
			C17300	1.8～2.1	≥0.2	≥0.6	0.20～0.60Pb	余量
		中国	QBe2	1.9～2.2	0.2～0.5	—	—	余量
			QBe1.9	1.85～2.10	0.2～0.4	—	0.10～0.25Ti	余量
			QBe1.9-0.1	1.85～2.10	0.2～0.4	—	0.10～0.25Ti，0.07～0.13Mg	余量
			QBe1.7-0.1	1.60～1.85	0.2～0.4	—	0.10～0.25Ti	余量
	高电导率	美国	C1750	0.2～0.6	1.4～2.2	—	—	余量
			C17500	0.4～0.7	—	2.4～2.7	—	余量
			C17410	0.15～0.50	—	0.35～0.60	—	余量
			C81300	0.02～0.10	—	0.6～1.0	0.6～1.0Cr	98.5(max)
			C81400	0.02～0.10	—	—	0.6～1.0Cr	98.5(min)
			C81800	0.30～0.50	—	1.4～1.7	含有Ag、Si、Fe、Al、Sn、Pb、Zn、Cr等合金元素	余量
铸造铍铜	高强度	日本	275C	2.60～2.85		0.35～0.65	0.20～0.35Si	余量
			245C	2.30～2.55		0.35～0.65	0.20～0.35Si	余量
			20C	2.00～2.55		0.35～0.65	0.20～0.35Si	余量
			165C	1.65～1.85		0.35～0.65	0.20～0.35Si	余量
		中国	ZCuBe2	1.90～2.15		0.35～0.70	0.20～0.35Si	余量
			ZCuBe2.4	2.25～2.45		0.35～0.70	0.20～0.35Si	余量

续表 2-12

合金类型			合金代号	Be	Ni	Co	其他	Cu
铸造铍铜	高强度	美国	C82400	1.65~1.75	0.10	0.2~0.4	0.20Fe	余量
			C82500	1.90~2.15	0.20	0.35~0.7	0.20~0.35Si, 0.25Fe	余量
			C82510	1.90~2.5	0.20	1.0~1.2	0.20~0.35Si, 0.25Fe	余量
			C82600	2.25~2.45	0.20	0.35~0.7	0.20~0.35Si, 0.25Fe	余量
			C82800	2.50~2.75	0.20	0.35~0.7	0.20~0.35Si, 0.25Fe	余量
	高电导率	日本	10C	0.55~0.75		2.35~2.74		余量
			50C	0.40~0.65		1.40~1.20	1.0~1.5Ag	余量
			70C	0.1			0.5Cr	余量
		中国	ZCuBe0.6Co2.5	0.45~0.80		2.4~2.7		余量
			ZCuBe0.6Ni2	0.35~0.80	1.0~2.0			余量
		美国	ZCuBe0.6FeAlCo1	0.7~1.2		0.7~1.2		余量
			C82200	0.45~0.8	0.20	2.4~2.7	0.15Si	余量
			C82400	0.35~0.8	1.0~2.0			余量

铍铜合金按照加工方式，可分成铸造铍铜和加工铍铜两大类。铍铜合金成分上的差别决定它们的加工方法，铍含量越高压力加工越困难，另外当铍含量超过3%时，对铍铜合金的性能改善不大，却增加了铸造难度和成本。因此，压力加工铍铜的铍含量应控制在2%以下，铸造铍铜一般铍含量控制在2.8%以下。铍铜可以进行冷热压力加工，以各种规格的板、带、管、棒、型材、线材供应给用户。这类合金用量最大，产量占铍铜总产量的70%。按照性能又可分为高强度铍铜和高导电铍铜。高强度合金的含铍量为1.6%~2%，代表性应用是电信；高导电合金的含铍量大约为0.3%，代表性应用在汽车市场。高强度铸造铍铜由于含铍量高和含有其他合金元素，塑性很低，不能进行压力加工，以铸件形态供应用户；高导电铸

造铍铜能进行压力加工，主要以锻件供应用户。

各国生产的铍铜在成分上有一定差别。美国、日本的第三合金元素是钴，中国是镍，镍和钴对铍铜合金的作用一样，这两种元素主要是抑制铍铜合金时效时产生过时效现象，同时能增加强度，所以加镍或钴都可以。中国钴资源少而贵，所以用镍，美国则相反，在铸造铍铜中还要加硅，提高浇注流动性。

第二节 铍铜合金的应用

用铍铜制成弹簧，弹簧的弹性系数大，成型性好，寿命长；制造电子元器件，可抑制过热现象并且耐疲劳；制作带型连接电缆插接件，易加工，电镀性能好，可实现高可靠性与设备小型化；制造电器开关，小而轻且灵敏度高，可反复动作1000万次。铍铜还具有良好的铸造性、导热性、耐磨性，是一种理想的铸锻材料，可用作安全工具、精密铸件、海底通信电缆的中继器结构材料，还可用来制造精度高、构形复杂的塑料成型铸模的模腔。铍的主体应用是铍铜合金，估计大约65%的铍是以铍铜合金的形式消费的，铍铜市场是拉动铍消费的主要应用市场。早期铍铜属于军工产品，应用集中在航空、航天、兵器等军工部门，20世纪70年代，铍铜合金开始大规模应用民用领域。现在铍铜广泛应用于电子、电信、电脑、手机和精密仪器仪表等应用领域。铍铜合金的主要应用领域见表2-13。

表 2-13 铍铜合金的主要应用领域

主要领域	使用的 Be-Cu 制品
移动电话	I/O 接触器、EMI 密封材、堆置接触器、天线接点、热保护板、蓄电池接线柱等
计算机	基片对基片连接器、PCMCIA 连接器、光记录仪器用光传感器弹簧、磁头弹簧、各种安装插座、畜电池接线柱、试验用筛选试验插座等
汽车	连接器、各种继电器、开关、油压计隔膜、温床传感器、ABS 传感器夹、微型马达、气囊传感器等
娱乐、数字家电	光传感器、接线柱、接触器、继电器等
半导体检查	IC 插座等
通信基底	基地局用接触器、继电器
光海底电缆	中继器构造材

一、电子、电气元件方面

铍铜合金的最大用途是在电子、电气元件方面，最主要是弹簧、连接器和开关。重要市场包括计算机中的接插件、光纤通信设备、连接集成电路板与印刷电路板（尤其是使用铍铜丝的）的可插入式插座以及汽车、移动电话、呼机和掌上电脑的日趋高精化、微型化，要求更小、更轻和更加耐用的接插件，不断增加对铍铜的需求。国外电子工业所用的大部分弹簧都是用铍铜合金制造的。连接器这个名词涵盖极为广泛的部件品种，从连接微处理器与母版的触点到连接每台机器的重载电缆。在计算机行业中，连接器的用量取决于电路板的产量，电路板的产量又取决于对微芯片的需求，目前对芯片的需求量在不断增长，因而连接器的消耗量也跟着增长。

近年来，电子产品与元件在全球的需求量总体稳定增长。电子市场中最大部分是工业电子设备，在工业电子设备中最大的市场是计算机和外围设备，其后是电信，电信设备市场可划分有线和无线两部分。

国外开关市场被认为是成熟的市场，经历了合并期，2000年，美国ITT加农炮（Cannon）公司兼并C&K元件公司、考林（Coring）公司兼并橡树（Oak）工业公司、电开关（Electroswitch）公司兼并艾顿（Eaton）公司以及联合信号（Alliedsignal）公司兼并霍尼韦尔公司。合并的一个原因是用户越来越喜欢从一个供应商手中取得全部所需的供货。

二、计算机方面

计算机是铍最大市场之一，铍铜、铍铝和氧化铍陶瓷在计算机中都有使用。铍铜用作高速计算机零件、弹性元件、连接器与开关；铍铝合金用作硬盘驱动臂；氧化铍用作高速计算机中高密度电路基片，氧化铍陶瓷和E材料可能主要用于高速、昂贵机器如计算机主机的温度控制元件。但这只是计算机市场的一小部分，铍在计算机中应用的主要形态是铍铜合金，主要是连接器（接插件）。

现在计算机发展的主要趋势是数据传输速率的稳定增长，以及要求更宽的带宽和更少的电耗。与较为廉价的材料相比，铍铜合金能提供更高的导电和导热性能，更高的强度，因而具有更高的可靠性，并且随着笔记本电脑的发展，铍铜合金在计算机领域将代替其他较廉价的材料。可以预见在未来铍铜合金在这方面的应用将不断增加。

三、汽车方面

汽车行业是铍铜带材以电子零件形式应用的一个重要消费领域。汽车中使用铍铜作为电子元件的主要用途之一是汽车发动机舱的部件，如发动机控制系统，那里存在高温和振动。在20世纪90年代末，汽车市场中铍铜的快速增长导致Materion公司开发了一种新的高导电铍铜合金——171号合金，专门用于汽车行业。

北美、欧洲、日本和韩国所生产的汽车中电子元件数量正在增长，这是由于制造厂家把先前认为是供用户选择的功能如空调、防抱闸现增加为标准配置，汽车驾驶的电脑自动化控制也在增长，以帮助省油。另外，随着汽车用量的增长，汽车行业可能会成为铍铜合金增长最快的市场之一。

四、油气钻井设备方面

大直径的铍铜管由于其耐高温高压而用于油气钻井设备中，同时铍铜管的耐海水腐蚀性能也使其在近海钻探中极为有用，并且油气井钻探的高成本意味着更换受损害的设备是很贵的，因此，使用昂贵的但不会损坏的高强材料比使用需要定期更换的低质量设备更为合算。除了运行中的钻机数和已钻好的井数以外，钻探深度对决定铍铜管的需求量也是重要因素，铍铜管的用量可能会随着井的深度而增加，以便抵御较大深度下存在的高压力。

世界上的钻井活动波动极大，是铍铜一个不稳定的市场，因为油气钻探活动数量与原油价格强烈相关。另外，未来油气钻探行业对铍铜管需求水平还取决于世界对能源的需求、未来需求的预期、油气价格水平、已确认的矿源和油气生产商预期的勘探与开发投入。

五、轴承、轴衬和磨损面方面

铍铜合金的高强度、低摩擦系数特性使之适用于军用和民用飞机的轴承、轴衬和磨损表面，铍铜合金在飞机上最为常见的用途是起落架。起落架在起飞和降落时要产生非常高的应力和大量的热，特别是在大型飞机之中。起初，在飞机设计中使用铍铜合金，是利用铍铜合金的高强度来缩小零件的尺寸、减少质量，后来飞机不断大型化的趋势使起落架要经受更多的应力，这就要求使用像铍铜合金这样低摩擦系数的更高品级材料。从飞机运行的角度来说，起落架使用铍铜部件能提高可靠性，减少维修的数量，这在军事飞机中尤为重要。

在起落架中使用铍铜的第一架飞机是 C-141 运输机，更大型的 C5A“银河”（Galaxy）飞机每个起落架支柱上使用 100 多个铍铜轴承。目前美国空军有 76 架 C5-A 型和 50 架 C5-B 型在役。据报道，波音公司在波音 777 飞机起落架上使用了铍铜，以降低轴承的尺寸和质量。

Materion 公司专门开发了用于塑料加工工业的 Moldmax 和 Protherm 型铍铜合金。Moldmax 原意是用于塑料注模中的颈环、手柄内插件和注射模部件、型腔嵌件、吹模夹断器、热浇道系统注射嘴和集流腔等。Moldmax 的热导率是铝模具的 3 倍。Protherm 的开发是用于泡沫塑料的加工，热浇道系统和热的排除或控制十分关键的其他应用中。Protherm 的热导率是铝的 10 倍，而且强度更高、硬度更大。Moldmax 和 Protherm 模具的另一优点是容易焊接修复，并且强度不受损失。

六、卫星和航天器方面

航空行业使用铍铜材料主要是因为铍铜合金可以制成现代飞行器所必需的各种截面尺寸，提供了目前最高的抗拉强度、疲劳强度和比强度，将部件做得小而轻且抗磨损。因此，铍铜合金在航空航天和卫星领域作为结构和功能材料占有一席之地，如洛克希德马丁导弹及航天公司（LMMS）为国际空间站（ISS）制造的太阳能阵列旋转式连接装置（SARJ）（直径为 3.2m，长约 1m）和热辐射器旋转式（TR-RJ）连接装置（直径和长度都为 1.2m）。SARJ 连接装置要通过铍铜滚环传输 160V 的 60kW 电力和多重数据频道。TR-RJ 的电力和数据也是通过铍铜环进行传输。另外，该公司制造的极光全球勘测卫星无线电等离子影像仪（RPI），有四根 250m 长的径向天线，每根都是用 0.321mm 厚的铍铜制成。

第五章 铍铝合金的性质和用途

铍铝合金兼备了铍、铝两种金属的优点，结合了铍的刚性和铝的韧性，也就是说铍铝合金既具有铍材的高性能，也有铝材良好的成型性。铍铝合金的含铍量可从30%～65%不等，刚度、密度和低温延性是选择不同铍铝合金的主要原因。目前，铍铝合金已成为美国国家航空航天计划材料科技成熟项目的成员，主要用于航天航空领域的结构部件，在民用上也大量应用。

第一节 铍铝合金的牌号

第一种商业用铍铝合金（洛克合金）名义上含铍62%、含铝38%。由核金属公司20世纪60年代开发，是应美国航空航天局开发塑性铍基材料的要求，采用预合金化制粉，且仅有经过加工的产品。复杂的工艺过程决定该合金的高成本，最终导致这种商业产品在20世纪70年代后期停止生产。冷战结束后，美国斯达麦特和Materion公司都开发了新型铍铝合金。斯达麦特公司开发了精密铸造方法生产的Berylcast®族铍铝合金，而Materion公司则开发了AlBeMet®和AlBeCast®系列合金，前者采用粉末冶金方法生产，后者也是采用精密铸造方法生产。表2-14是市场上主要的铍铝合金牌号、化学成分和制备工艺。

表 2-14 铍铝合金牌号、化学成分和制备工艺

牌 号	化 学 成 分	制 备 工 艺
洛克合金	含铍 43% ~62%	预合金粉，冷等静压固结后挤压/轧制
AlBeMet® 162	含铍 60% ~62%	预合金粉，热等静压固结
AlBeMet® 140	含铍 40%	预合金粉，热等静压固结
AlBecast® IC910	含铍 62%	熔模铸造
Berylcast® 363	含铍 65%	熔模铸造成型性和切削加工性好
Berylcast® 363L	含铍 45%	熔模铸造刚度好，比铝轻
Berylcast® 363HD	含铍 30%	熔模铸造
Berylcast® 191	含铍 62%	熔模铸造
Berylcast® 310	含铍 62%，添加了 Mg	熔模铸造添加镁固溶强化基体

第二节 铍铝合金的性质

铍铝合金分精密铸造铍铝合金和粉末冶金铍铝合金。通常情况下同一成分的铍铝合金，粉末冶金的性能比精密铸造的要好，表 2-15 是市场上主要铍铝合金产品的物理和力学性能。

表 2-15 铍铝合金的物理和力学性能

性 能	Berylcast®			AlBeMet®		AlBecast®
	363	191	310	162	140	IC910
密度/g · cm^{-3}	2.16	2.16	2.16	2.10	2.28	2.17
熔点/℃	645	645	645	1082	1082	—
线膨胀系数/mm · ℃$^{-1}$	14.2	13.4	13.2	14.0	16.0	14.6
比热容/J · (kg · K)$^{-1}$	1549	1423	—	1560	1280	1560

续表 2-15

性 能	Berylcast®			AlBeMet®		AlBecast®
	363	191	310	162	140	IC910
热导率/W·(m·K)$^{-1}$	106	180	—	210	210	110
弹性模量/GPa	202	202	202	200	158	193
比刚度 E/ρ /GN·m·kg^{-1}	94	94	94	93	69	89
屈服强度/MPa	290	138	325	315	186	158
抗拉强度(uts)/MPa	290	197	426	387	283	207
比强度(uts/ρ)/MPa	134	91	197	184	124	95
压缩屈服强度/MPa	226	—	319	—	—	—
电导率/% IACS	40	42	—	49	—	—

第三节 铍铝合金的应用

与铝、镁、钛及金属铍材相比，铍铝合金综合性能次于铍。因此，应用上需要突出铍材高性能的领域，则使用含铍量较高的铍铝合金，否则采用含铍量较低的铍铝合金，以利于提高成型性并降低成本。铍铝合金相对于铝合金、钛合金、镁合金和一些传统的复合材料更轻、刚度和热稳定性更好，因此在航空航天领域具有很强的竞争力。美国多家杂志报道(“Material Progress”，“Machine Design”，“Advanced Materials & Processes” 等)，基于铍铝合金良好的刚度、质量和热学特性，铍铝合金将击败钛合金成为下一代航空航天新的结构材料。

作为飞机结构件，与铍铝合金构成竞争的主要是树脂基复合物，如石墨-环氧树脂、硼-环氧树脂和石墨-聚酰亚胺，它们既轻又强，但树脂基复合物的缺点是其价格昂贵，吸收并保留潮气，抗冲击能力差，而铍铝合金这种高技术合金比树脂基复合物生产成本更低，因此铍铝合金在航天工业上非常具有吸引力。

表2-16是市场上主要铍铝合金产品的应用领域。

表2-16　铍铝合金产品的应用

牌　号	应　用
洛克合金	应用于低密度、高热传导、高弹性模量部件，例如航空航天领域的飞船、卫星、导弹的部件，但由于工艺复杂，成本较高
AlBeMet® 162	继承了洛克合金的应用领域，用在航空电子设备，能使传爆元件、焊点和基座振动产生的应力最小化、增加电子封装元件的疲劳寿命、减少了部件厚度； 在光学领域，主要应用在高波模频率设备，提高LOS稳定性，简化设计使外壳内留有很多空间； 在卫星上，比复合材料更能简化设计，比铝更轻、更硬、热稳定性更好，且不易因卫星状况中心而受到影响
AlBeMet® 140	用在航空电子设备，具有与AlBeMet® 162一样的特点，但应用领域的性能要求没有AlBeMet® 162严格
AlBecast® IC910	用于先进汽轮机活动风扇的轴承座，可用标准铝铸件相同方法铸造、加工和涂敷，降低了部件成本
Berylcast® 363	精密铸件用于高强结构，如直升机部件、光学系统、卫星导航部件、计算机硬盘驱动器、体育器械等
Berylcast® 363L	用于精密铸件成本低于Beralcast® 363
Berylcast® 363HD	用于精密铸件成本低于Beralcast® 363L
Berylcast® 191	主要用于热、电控制
Berylcast® 310	主要用于加工材，例如高强管材、棒材以及热应用

一、铍铝合金在战斗机上的应用

铍铝合金最早的应用是在洛克希德的 YF-12a(SR-71 黑鸟)的可折叠侧翼上。后来斯达麦特公司(Berylcast®)和 Materion 公司(AlBeMet®)都生产用于飞行器的铍铝合金。Berylcast®合金熔模铸件用于美国的 RAH-66 卡曼奇(Comanch)型军用直升机、F-22 战斗机和爱国者 PAC-3 型导弹系统。AlBeMet® 162 合金是 F-15 方向舵的唯一竞争材料,因为 AlBeMet® 162 合金简化了设计、减轻了质量、提高了性能,代替了价格更为昂贵的硼-环氧树脂用于先进的和出口型的 F-15 战斗机方向舵。

先进战斗机的航空电子导航设备元器件要求焊接点能承受高热和高机械负荷。AlBeMet®的高热导率和高热容防止了运行时焊接点因应力损坏。因此,在美国空军 F-18 战斗机、F-22 战斗机,JSF 联合打击战斗机上的航空电子设备中,AlBeMet®用作电路板的高强、高导热基片,以防止连接元件在高加速度飞行时断开。F-22 替代美国空军现役 F-15 空中优势战斗机。阿帕奇(Apache)武装直升机、F-18 和 JSF 的光学支座也使用了 AlBeMet® 162 合金。

美军机载的前视红外系统(IFTS),频谱红外遥感转换试验台超谱成像器(SPIRITT),先进的射击系统外壳(ATP)以及法国泰雷兹光电公司目前生产的瞄准吊舱“达摩克利斯(Damocles)”,均使用了 AlBeMet® 162 合金制作。2001 年,“达摩克利斯”瞄准吊舱装在“超军旗”机腹下进行了航空母舰兼容性试验，法国海军在 2002 ~ 2003 年间接收 15 个吊舱装备“超军旗”舰载攻击机，法国空军还将其装备“阵风”和“幻影”2000D 战斗机。图 2-13 所示为 AlBeMet® 162 制作的先进的射击系统外壳（ATP）。

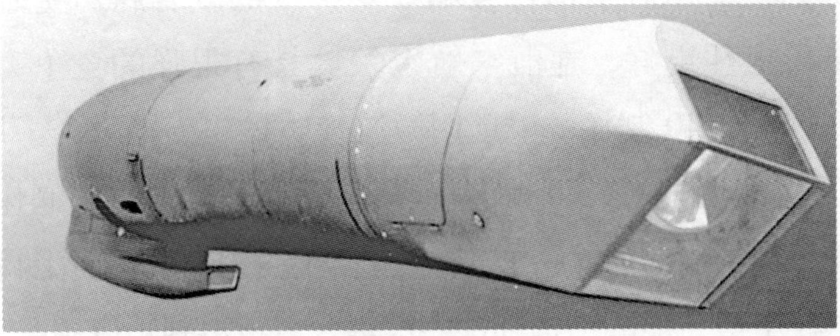

图 2-13 AlBeMet® 162 制作的先进的射击系统外壳（ATP）

AlBeMet® 162 合金用来制作 TAMMAC DMC。TAMMAC DMC 能通过图像显示当前飞机所在的地理位置、与目标的相对位置、威胁目标、地形特征、计划任务飞行路线和其他信息。DMC 的先进的制图性能，显著增加了任务执行的有效性，确保机组人员能充分应付复杂的地形和有威胁的目标，为飞行员提供两条单独传输各种显示方式的实时数字式移动地图数据通路。TAMMAC 用于许多美国及其盟国的军用喷气飞机和直升机上，包括美国海军 F/A-18C/D、F/A-18E/F 和 EA-18G 飞机，美海军陆战队 F/A-18A/C/D、AV-8B、AH-1Z 和 UH-1Y 飞机，丹麦和意大利的 AW101 飞机以及加拿大的 CF-18A/B 飞机和澳大利亚的 F/A-18A/B 飞机。TAMMAC 也用于瑞士、芬兰和西班牙军队。TAMMAC 项目自1997年以来已经为哈里斯公司带来了总价值超过1.4亿美元的项目合同，目前订货仍然在持续中。

二、铍铝合金在航空航天中的应用

铍铝合金相对于铝合金和一些传统的复合材料更轻、刚度和热稳定性更好，在航空航天领域具有很强的竞争力。如用AlBeMet® 140制作的卫星用微波管质量比铝轻20%。用AlBeMet® 140制作的蜂巢形仪表板蒙皮比铝和复合材料制作的更薄，仅2.54mm(0.10in)。铍铝合金在至少150个卫星上得到了应用，在宇宙飞船的结构部件中铍铝合金也得到了应用。

铍铝合金在卫星上的著名应用实例有：美国轨道科学公司的28个ORB-COMM型低轨道通信卫星飞行器外环由三块弧形AlBeMet® 162合金嵌板组成，并由相同材料的托架固定；霍尼韦尔为人造卫星系统微型惯性测量单位提供了由Beralcast®制作的精密铸造件；洛克希德马丁公司先进威胁红外预警项目（ATIPCM）使用Beralcast®铍铝组件；AlBeMet® 162大量用在由洛克希德公司为美国空军建造的先进极高频（Advanced Extremely High Frequency，AEHF）军用通信卫星以及KAP卫星上。AEHF卫星与地面终端的数据传输速率可达8.2Mb/s，可满足实时图像、战场地图和跟踪数据等战术军事通信的需求，为美国国防部下属的全球士兵提供高安全性、受保护、可持续的通信，是由五颗卫星组成的军事星座的继任者。首颗AEHF卫星计划在2010年由“宇宙神-5”火箭发射。

三、铍铝合金在硬盘驱动器中的应用

精密铸造铍铝合金可用作硬盘驱动器，用于便携式电脑等产品，可以减轻质量、增加刚性、减轻振动。精密铸造的铍铝合金用作高级驱动器材料还可以提高数据搜索速度，增加每英寸的磁道数（TPI），在保持或提高磁道储存量的同时，可减少所用磁盘的数量。据报道，20 世纪 90 年代美国每年销售铍铝合金制造的硬盘驱动器就达 100 万件以上，销售额 1 亿万美元。在计算机更趋小型化的今天，可以预见铍铝合金在硬盘驱动器上的应用将更加广泛。

四、铍铝合金在制动器中的应用

Materion 公司生产的 AlBeMet® 铍铝合金被意大利的 Brembo 汽车公司和英国的 AP 汽车公司用来制作一级方程式汽车用刹车合页片。1997 年 6 月，AlBeMet® 刹车合页片代替了 Al/SiC 刹车合页片用于法拉利（Ferrari）一级方程赛车上，在加拿大大奖赛进行时间试验。那个赛季法拉利赢得了第一名，原因是铍铝合金的刚度、低质量和热特性使得每圈的时间减少 0.5s。

五、其他应用

在军事上，铍铝合金还被用于制造布拉德利战车膛片（Sabot），Materion 公司用半固态成型技术生产了近 2500 副布拉德利战车的膛片，布拉德利战车的膛片具有 30% 的铍。

半固态成型技术是 Materion 公司的专利，以铍粉末与 A356、6061 和 7075Al 合金粉末为原料，用特定的挤压速率使金属铍微粒进入金属模子腔内和熔融铝结合生产的铍铝合金，铍含量为 30% ~40%。

Materion 公司给意大利国家核物理研究院生产出大约两英尺长的 AlBeMet® 162 合金薄壁管，用于瑞士欧洲核研究组织（CERN）的粒子加速器。AlBeMet® 162 合金含铍 62%，铝 32%。在这个应用中 AlBeMet® 162 合金克服了以前材料存在的焊接问题。

随着半导体工业的小型化和高强化，铍铝合金在半导体工业上的应用也有很强的竞争力。

Materion 公司用铍铝合金制作高质量的喇叭外壳、汽车驾驶盘、网球拍、轮托及高尔夫球棒等。现在的用量不是很可观，但随着人们对生活品质的追求，这方面的应用会逐步扩大。

第六章 氧化铍陶瓷的性质和用途

氧化铍陶瓷是构成现代电子装备的物质基础，是电子元器件的重要配套产品原材料，广泛应用于微电子器件、真空电子器件、大规模集成电路、功率模块大功率电阻基板、电力电子管壳等产品中，在电子信息装备中也有多种应用。

第一节 氧化铍陶瓷的性质

氧化铍属立方晶系，密度为 3.02g/cm^3，熔点为 2530℃

±30℃，沸点为4120℃ ±170℃，按矿物学标度的硬度为9级。

氧化铍十分稳定，即使在氧化、还原和高湿度环境下也不会分解。在接近熔点2000℃的情况下，氧化铍能被碳还原，生成碳化铍。氧化铍几乎不溶于水，1800℃煅烧过的氧化铍只溶于氢氟酸。氧化铍与碱的水溶液不发生反应。

氧化铍陶瓷最显著的特点是具有优良的导热性。在众多绝缘材料中，氧化铍陶瓷的导热性仅次于金刚石。在当今使用的陶瓷材料中，室温热导率最高，比 Al_2O_3 陶瓷高一个数量级，纯度为99%以上。理论密度达99%的氧化铍陶瓷，其室温下的热导率可达310W/(m·K)，因此对大功率、超高频电子器件氧化铍陶瓷是首选材料。氧化铍陶瓷线膨胀系数($5.4 \times 10^{-6} K^{-1}$)介于砷化镓和耐火金属复合材料之间。氧化铍陶瓷具有较低的介电常数（6.7）以及较低的损耗指数（0.0012，1MHz状态下），可以在高频率条件下改善电路的性能，因此经常作为输出窗窗片、陶瓷夹持杠。氧化铍陶瓷还具有高的体电阻率和高的电击穿强度，常被用于收集极瓷筒和瓷板。

采用纳米、高纯氧化铍粉体制备的高纯氧化铍陶瓷，比使用传统粉体制备的陶瓷具备更好的性能，其热导率提高了25%以上，微波介质损耗降低30%以上，机械强度等也有显著提高。纳米、高纯氧化铍粉体为白色球形颗粒，无手摸颗粒感，无目视可辨异色和异物，无强团聚颗粒，粉体平均粒度小于20nm，氧化铍含量不低于99.8%。用该粉末制备的氧化铍陶瓷室温热导率可达233.4W/(m·K)，体积密度大于2.90g/cm^3。

影响氧化铍陶瓷性能的因素很多，纯度、成型、烧结工艺和产品形状、大小等对氧化铍陶瓷的性能均有影响，并且不同的测试方法测出的氧化铍陶瓷的性能也不相同。国内外某些氧化铍陶瓷的牌号和性能见表2-17。

第二节 氧化铍陶瓷的应用

氧化铍陶瓷具有高的耐火度、高的热导率、良好的核性能以及优良的电性能，因而可以应用于高级耐火材料、原子能反应堆和高热导率材料，作为高热导率材料应用主要集中在各种大功率电子器件和集成电路等。目前，在电子器件上工业发达国家普遍应用氧化铍含量为99.5%的陶瓷产品，中国较多应用氧化铍含量为99.0%的陶瓷产品。

一、在高温结构材料方面的应用

氧化铍陶瓷熔点高，比常用陶瓷Al_2O_3、MgO、CaO等高级耐火材料的热导率都高，常常用作坩埚和要求导热性能好的隔焰加热炉。

氧化铍坩埚的高稳定性特别适合于熔制纯度要求高的金属，如：Be、Zr、Ti等。氧化铍陶瓷是熔制高纯度金属铀最好的坩埚材料。使用氧化铍陶瓷坩埚熔制钢、铁，也比使用Al_2O_3坩埚或MgO坩埚熔制的纯度高。

表 2-17　国内外某些氧化铍陶瓷的牌号和性能

性能	体积密度 /g·cm^{-3}	抗折强度 /MPa	线膨胀系数/K^{-1}			热导率 /W·(m·K)$^{-1}$		介电常数			介质损耗角正切值 tanδ			体积电阻率 /Ω·cm			击穿强度 /kV·mm^{-1}	化学稳定性 /Mg·cm^{-2}	
测试条件	室温	室温	20~100℃	20~500℃	20~800℃	20℃	100℃	1MHz 20℃	1MHz 500℃	10GHz 20℃	1MHz 20℃	1MHz 500℃	10GHz 20℃	100℃	300℃	300℃	D. C.	1∶9 HCl	10% NaOH
中国 B-95	≥2.85	≥100	—	7.0×10^{-6}~8.0×10^{-6}	—	≥176	≥146	6.5~7.5	—	6.5~7.5	≤5 $\times10^{-4}$	—	≤8×10^{-4}	≥10^{13}	≥10^{10}	—		—	—
中国 B-99	≥2.85	≥140	—	7.0×10^{-6}~8.5×10^{-6}	—	≥220	≥176	6.5~7.5	—	6.5~7.5	≤4 $\times10^{-4}$	—	≤8×10^{-4}	≥10^{13}	≥10^{10}	—	≥12	≤0.3	≤0.3
日(NGK) K-95	≥2.80	≥190	5.4×10^{-6} (25~150℃)	8.0×10^{-6} (150~400℃)	10.0×10^{-6} (400~800℃)	≥201.1	≥159.2	6.5	—	6.4 (100MHz)	≤7 $\times10^{-4}$	—	≤5×10^{-4} (100MHz)	≥10^{14}	≥10^{11}	≥10^{15} (20℃)	≥15	—	—
日(NGK) K-99	≥2.85	≥190	4.6×10^{-6} (25~150℃)	8.1×10^{-6} (150~400℃)	10.3×10^{-6} (400~800℃)	≥243.0	≥184.4	6.8	—	6.5 (100MHz)	≤5 $\times10^{-4}$	—	≤1×10^{-4} (100MHz)	≥10^{15}	≥10^{15}	≥10^{15} (20℃)	≥12 (50Hz)	—	—
日(NGK) K-995	≥2.85	≥190	4.4×10^{-6} (25~150℃)	7.8×10^{-6} (150~400℃)	10.5×10^{-6} (400~800℃)	≥255.6	≥192.7	7.1	—	6.6 (100MHz)	≤2 $\times10^{-4}$	—	≤1×10^{-4} (100MHz)	≥10^{15}	≥10^{15}	≥10^{15} (20℃)	≥14 (50Hz)	—	—

续表 2-17

性能	体积密度 /g·cm^{-3}	抗折强度 /MPa	线膨胀系数/K^{-1}			热导率 /W·(m·K)$^{-1}$		介电常数			介质损耗角正切值 tanδ			体积电阻率 /Ω·cm			击穿强度 /kV·mm^{-1}	化学稳定性 /Mg·cm^{-2}	
美(Coors) BD-96	2.85～2.90	≥224.7	—	—	—	≥196.9	≥156.7	6.57 (1MHz)	6.65 (1GHz)	6.68 (10GHz)	1.4×10^{-4} (1MHz)	2.6×10^{-4} (1GHz)	4.1×10^{-4} (10GHz)	≥10^{15}	—	—	≥14 (50Hz)	—	—
美(Coors) BD-98	2.85～2.90	≥254.8	—	—	—	≥205.3	≥167.6	6.54	6.58	6.59	1.3×10^{-4}	2.5×10^{-4}	5.6×10^{-4}	≥10^{15}	—	—	≥14	—	—
美(Coors) BD-995	≥2.90	≥210.0	5.7×10^{-6} (20～200℃)	9.0×10^{-6} (200～500℃)	10.2×10^{-6} (500～800℃)	≥251.4	≥188.6	6.53	6.54	6.57	1.2×10^{-4}	2.3×10^{-4}	4.0×10^{-4}	≥10^{15}	—	—	≥14	—	—
前苏联 (Усть) У-995	≥2.85	≥176.5	—	—	8.9×10^{-6} (100～900℃)	251.4	—	—	—	7.2	—	—	5.0×10^{-4}	≥10^{15} (室温)	—	—	≥14	—	—
英(UK) 995	2.86	≥180	—	8.85×10^{-6}	—	251.0	—	6.6	—	—	—	—	2.7×10^{-4}	≥10^{14}	—	—	≥50	—	—
日(京瓷) 995	2.85	≥170	—	8.50×10^{-6}	—	251.0	—	6.5	—	—	—	—	2.0×10^{-4}	≥10^{15}	—	—	—	—	—
日(佳友) 995	≥2.85	≥235	—	7.5×10^{-6} (40～400℃)	—	251.0	—	6.5	—	—	2.0×10^{-4}	—	—	—	≥10^{15}	≥10^{13}	—	—	—

氧化铍陶瓷作为高级耐火材料最突出的优点在于抗热振性优良，可用于加热元件的耐火支持棒、保护屏蔽、炉衬、热偶管、阴极、热子加热基板和涂层等。氧化铍陶瓷优异的抗热冲击、耐腐蚀性，使其用于火箭、导弹的发动机燃烧室内壁、喷嘴。氧化铍陶瓷的耐高温、耐腐蚀和热振性也使其应用于磁流体发电机中高温高速电离气流通道，保证了磁流体发电机的启动速度和发电稳定性。

二、在原子能反应堆上的应用

氧化铍陶瓷除了具有高的耐火度、良好的热稳定性以及独特的高热导率外，还具有良好的核性能，常用作反应堆的减速剂、反射层和核燃料的弥散剂。

在表 2-18 中列出了氧化铍陶瓷在原子能工业的应用及其应用优势。

表 2-18　氧化铍陶瓷在原子能工业的应用

使用领域	用　途	使用温度/℃	使用要求
原子能反应堆	减速剂	≥1000	吸收中子截面小
	反射层	≥1000	耐辐射损伤
	核燃料弥散剂	≥1600	耐高温，高热导率，中子俘获面积小

三、在电子工业高热导率材料中的应用

电子工业用高热导率氧化铍陶瓷是氧化铍陶瓷最大的应

用市场。由于半导体器件的频率越来越高、功率越做越大，必须采用高热导率氧化铍陶瓷片替代 Al_2O_3 陶瓷片作为热沉材料来解决芯片的散热问题。氧化铍陶瓷在电子工业中的应用越来越广泛，主要用于微电子器件、真空电子器件、大规模集成电路、功率模块大功率电阻基板，电力电子管壳等产品中，在电子信息装备中也有很多应用。

氧化铍陶瓷应用于大功率真空电子器件用输出窗，保证了窗内的能量及时输出，防止了电磁场强度增加、介质损耗增加，发生击穿、打火以及窗受热等现象，同时，降低了窗内与金属封接处的热和机械过载，保证窗不被破坏。在大功率金属-陶瓷结构的行波管中，也往往用氧化铍陶瓷杆代替 Al_2O_3 陶瓷杆；微波大功率真空电子器件用衰减陶瓷，为了有效保证消极电子对抗，有效防止地面重要的军事设施、空中的飞行器和保密的微波隔离室被对方发现、跟踪和袭击，一般选用 BeO、AlN 等，但考虑到热导率和烧结特性，BeO 的最好；氧化铍陶瓷应用在氩离子激光器上，因氧化铍陶瓷的导热性好，比常用的石英激光器高两个数量级，激光器的效率高，输出功率大。

第七章　其他含铍材料

第一节　铍镍合金

铍镍合金（包括铍镍钛合金）是一种耐高温的超高弹性

导电合金，是已知合金中弹性最好的一种。铍镍合金具有优异的导电性、优异的成型性、良好的高温力学性能和抗疲劳、耐腐蚀、耐磨与抗应力弛豫。与铍青铜相比，铍镍合金的工作温度可提高250~300℃，是制作高级弹性元件最好的材料，可用于性能要求比铍铜更为严格的场合。铍镍合金的主要市场是高温下运行的小型电子联结元件，如精密机械、航空仪表上的自动导航元件、发条、继电器簧片；电传打字机簧片以及自动调温装置上的高温弹簧、电触点、波纹管、隔膜片、膜盒、放气阀、接线夹、轴承护圈、连接管和插口等。

铍镍合金也是良好的高温耐磨材料。铸造铍镍合金可用作玻璃及聚合物的铸造模具、金刚石钻尖基体、发动机部件，也可用作首饰和牙科的材料。

铍镍合金的市场正在扩大，目前NGK和Materion公司均具有生产铍镍合金的能力。美国Materion公司生产的360铍-镍合金含铍量在1.85%~2.05%之间。

第二节　锑铍芯块

锑铍芯块是核电站二次中子源“点火”控制装置的重要配套元件，采用锑与铍混合粉末模压制造。

第三节　氟化铍

氟化铍是无色到白色的具有吸湿性的粉末，溶化后便成为玻璃状物质。它在25℃时的密度为1.986g/cm^3，熔点为

787℃，沸点为1327℃，用途主要是经镁还原后制取金属铍及其合金和用作化学试剂。

第四节　氢　化　铍

氢化铍在粉末冶金和航空、军事领域作为一种高能燃料成分是相当重要的。但是，它在惰性溶剂中的不溶性严重阻碍了将其提纯到应用所需纯度的进程。早先试图得到高纯氢化铍的努力都没取得成功，比如，在大约200℃的高温下分解二叔丁基铍（用格氏试剂制得）制备氢化铍时，因为氢化铍在惰性溶剂中的不溶性，所以将杂质从氢化铍中分离出来是困难的。国外Materion公司拥有制备氢化铍的技术，并获得专利。

第五节　铍 硅 合 金

铍硅合金又称米拉合金（Mirralloy），由核金属公司制造。米拉合金含62%的硅，它易浇注成型，冷却后不易形成较大的孔洞和缩孔。显微组织为细小均匀的网状结构，没有大晶粒也不存在对合金性能有削弱作用的金属间化合物。米拉合金的典型性能如下：$E = 186165\text{MPa}$，密度2.11g/cm^3，$\sigma_b = 121\text{MPa}$。米拉合金适宜作镜体材料，因为它的线膨胀系数低，为2.2×10^{-7}℃，甚至低于纯铍的线膨胀系数。

第三篇

铍矿资源与采冶

第一章 铍矿的形成与分布

第一节 铍矿物和矿床

铍是碱土金属元素之一，在地壳中含量大约为 4×10^{-6} ~ 6×10^{-6}，丰度排序为第32位。含铍矿石有90多种，常见的20多种，主要含铍矿石见表3-1。在自然界中，单一的铍矿床少，共伴生矿床多。勘探表明，大部分是综合性矿床，其储量以共伴生矿床为主。据统计，铍的矿藏与锂、钽、铌伴（共）生的占48%，与稀土矿伴生的占27%，与钨共（伴）生的占20%，尚有少量与钼、锡、铅、锌等有色金属和云母、石英岩等非金属矿产相伴生。

表3-1 主要含铍矿石

矿石名称	化学组成	密度/$g\cdot cm^{-3}$	BeO含量/%
绿柱石(绿宝石)	$Be_3Al_2(Si_6O_{18})$	2.6~2.8	9.26~14.4
硅铍石(似晶石)	$4BeO\cdot2SiO_2\cdot H_2O(Be_2SiO_4)$	2.0	43.6~45.67
金绿宝石(尖晶石)	$BeAl_2O_4$	3.5~3.8	19.5~21.15

续表 3-1

矿石名称	化学组成	密度/g·cm^{-3}	BeO 含量/%
羟硅铍石	$Be_4(Si_2O_7)(OH)_2$	3.0	39.6～42.6
板铍石	Be_2BaSiO_2	4.0	15
磷钠铍石	$Na_2O \cdot 2BeO \cdot P_2O_5$	2.8	20
铍石	BeO	3.0	100
蓝柱石	$Be_2Al(SiO_4)_2(OH)_2$	3.1	17
双晶石	$Na_2O \cdot 2BeO \cdot 6SiO_2H_2O$	2.6	10
硼铍石	$4BeO \cdot B_2O_5 \cdot H_2O$	2.3	53
日光榴石	$Mn_8(BeSiO_4)_6S_2$	3.2～3.4	8～14.5
白铍石	Na·Ca·Be 的含氟硅酸盐	3.0	13
密黄长石	Na·Ca·Be 的含氟硅酸盐	3.0	13
香花石	$Ca_3Li_2Be_3Si_3O_{12}(FOH)_2$		15.78～16.3
顾家石			9.49

在所有的含铍矿产中，目前仅有两种铍矿石具有商业开采价值，可用于铍的生产。一种是羟硅铍石，理论上氧化铍含量为39.6%～42.6%，实际上开采的高品位矿石氧化铍含量也仅有0.69%，羟硅铍石是美国开采的主要铍矿石。另一种是绿柱石，是其他国家开采的主要铍矿石，氧化铍的理论含量为14%，实际开采的高品位绿柱石氧化铍含量为10%～12%。绿柱石是铍矿石中最具商业价值的矿石，也是各国进口和储备的对象。巴西有世界上最大的绿柱石集中蕴藏地，绿柱石储量居世界第一，其次为俄罗斯、印度、中国、非洲等。美国羟硅铍石的储量占世界首位，其储量估计足够以目前的生产能力维持未来100年的生产。另外，含铍品位较高，有可能成为具有工业价值的铍矿石还有：硅铍石、金绿宝石、香花石和日光榴石。

铍的矿床类型繁多，但目前还没有一个较系统全面的铍矿床分类方案，通常大致划分为五大类：

（1）含绿柱石花岗伟晶岩矿床。含绿柱石伟晶岩铍矿床主要有绿柱石-白云母伟晶岩和复合稀有金属伟晶岩两个亚类，前者广泛分布于巴西、印度、阿根廷和美国等地，后者主要分布在加拿大、津巴布韦、纳米比亚、扎伊尔、马达加斯加及俄罗斯，其中比较著名的有加拿大的伯尼克湖、津巴布韦比基塔、纳米比亚卡里布等铍锂铯钽伟晶岩矿床，以及美国北卡罗来纳州的钽锡锂伟晶岩矿床。

（2）含硅铍石的碱性交代岩型铍矿床。含硅铍石的碱性交代岩型铍矿床是加拿大索尔湖稀有金属矿床中发现铍矿体之后确立的新矿床类型。有人将澳大利亚产在含铌凝灰岩中的布洛克曼大型含硅铍石稀有金属矿床也划归在这种类型。

（3）含羟硅铍石火山-热液脉型铍矿床。美国犹他州斯波山（Spor Mountain）矿床是该类矿床的典型代表。

（4）含绿柱石云岩型矿床。巴西的博阿维希塔铍矿床属于此类。

（5）接触碳酸盐型铍矿床。这类铍矿床主要分布在美国的墨西哥州和阿拉斯加州。

第二节　铍矿产资源的储量与分布

一、世界铍矿产资源的储量与分布

世界铍矿产资源丰富，世界各地都有分布。据美国《矿产手册（1998 ~ 1999）》公布的数据，世界金属铍的保有储量为48.1万吨，按已探明的铍矿产资源量排序为：巴西（29.1%）、俄罗斯（18.7%）、印度（13.3%）、中国（10.4%）、阿根廷（5.2%）和美国（4.4%）。世界铍矿石的储量情况见表3-2。

表3-2 世界铍矿资源储量情况

国 家	储量/万吨	所占比例/%	国 家	储量/万吨	所占比例/%
巴 西	14.0	29.1	澳大利亚	1.1	2.3
俄罗斯	9.0	18.7	卢旺达	1.1	2.3
印 度	6.4	13.3	哈克萨斯坦	1.0	2.1
中 国	5.0	10.4	刚果（布）	0.7	1.5
阿根廷	2.5	5.2	莫桑比克	0.5	1.0
美 国	2.1	4.4	津巴布韦	0.1	0.2
加拿大	1.5	3.1	葡萄牙	0.1	0.2
乌干达	1.5	3.1	总 计	48.1	100
南 非	1.5	3.1			

巴西是铍资源大国，含绿柱石的伟晶岩广泛发育于巴伊亚州、塞阿腊州、米纳斯吉拉斯州，已查明有几万条伟晶岩脉。米纳斯吉拉斯州戈韦尔纳多—瓦拉达雷斯伟晶岩矿床的绿柱石矿石储量为38.6万吨，含氧化铍11.5%，约相当铍金属1.6万吨。另外，该州还查明有两个大型独立云英岩铍矿床（博阿维希塔），矿石氧化铍含量为0.3%，已探明的氧化铍储量为4.14万吨。

前苏联有27处铍矿床，25处位于俄罗斯，2处位于哈萨克斯坦。预测前苏联的氧化铍储量大约有10万吨，其中俄罗斯为9万吨左右。俄罗斯的大部分铍矿储量是以稀有金属伟晶岩或绿柱石-云母交代矿的形式存在的，这两种类型组成的矿层含有大约80%的铍储量，估测量为7.2万吨。

印度是第三铍资源大国，含巨晶绿柱石的伟晶岩矿床分布于拉贾斯坦邦、比哈尔邦、奥里萨邦、安得拉邦和中央邦。在比哈尔邦已知的250多个伟晶岩体中，约有一半以上伟晶岩体的绿柱石具有工业价值，总共约有氧化铍储量为2800t。

美国羟硅铍石的蕴藏是世界上最丰富的，至2000年已探明的储量有769万吨，矿层的平均铍含量为0.263%，铍的储量主要集中在犹他州斯波山的霍戈斯拜克（Hogsback）与托帕兹（Topaz）两个羟硅铍石矿床中。霍戈斯拜克是世界上最大的铍矿床之一，也是目前世界最大的铍矿石产地，其氧化铍探明储量为3.56万吨，总储量为6.17万吨，氧化铍品位为0.69%。托帕兹铍矿床铍矿石的推测/推定储量为40.7万吨，氧化铍品位为0.67%。内华达州产在硅化石灰岩中的芒特惠勒铍矿床，经对其储量的重新估算，铍矿石的证实储量为25万吨，潜在储量为27万~45万吨，含铍0.75%。美国已知铍矿床中，还查明有铍资源约6.6万吨。

加拿大铍储量主要集中于西北地区耶洛奈夫城东南100千米处的索尔湖，为含硅铍石稀有金属矿床。该矿床氧化铍的探明储量为3.75万吨（1989年），矿石氧化铍品位为0.66%~1.4%。美国赫克拉矿业公司为开发该矿床进行了大量研究和试验工作，但计划开始开采的时间却一再推迟。该矿床一旦投入开采，将成为西方国家最大的铍矿山。赫克拉矿业公司1990年末还与加拿大铁矿公司签订了勘探魁北克省斯特兰吉湖铍矿床的合同，该矿床还含有钇、锆、铌和稀土等元素。

澳大利亚铍储量的一半以上集中在1985年探明的布罗克曼含硅铍石稀有金属矿床中。该矿床氧化铍的探明储量为0.74万吨，总储量3.94万吨，氧化铍品位为0.08%。其余铍储量分布在含绿柱石的伟晶岩中，如南澳欧莱里、西澳皮尔巴拉和布罗肯希尔等地区的含绿柱石的伟晶岩。

1988年9月挪威地质调查所发现了欧洲第一个具有商业价值的独立铍矿床——赫格蒂夫矿床。该矿床位于挪威中部摩城北面，估计硅铍石储量为40万吨，矿石含铍0.18%。据芬兰地质调查局报道，在芬兰东南部发现一块重达2240克拉（450g）的绿色透明绿柱石，这一发现推动了在该地区寻找绿柱石资源的工作。

二、中国铍矿产资源的储量及分布

中国铍矿储量丰富，据国土资源部储量司2002年7月编制的全国矿产资源储量汇总表《全国矿产资源储量通报》的统计数据，截至2001年底，已探明铍的矿产资源全国套改后氧化铍的资源储量为28万吨，见表3-3。其中，基础储量为1.92万吨，占6.8%；资源量为26.35万吨，占93.2%；但工业储量只有2.1万吨，只占已探明储量的

7.5%左右。

表 3-3　截至 2001 年底我国铍矿产资源储量的统计表

矿产物名称及计量单位		矿区数	保有储量							保有储量增减	
			资源储量	基础储量	%	储量	%	资源量	%	储量增减	%
绿柱石	矿石量（折合氧化铍量）	8	1638 (213)	895 (116)	54.6 (54.6)	0 (0)		743 (96.6)	45.4 (45.4)	+8	+0.49
氧化铍		73	282757	19216	6.8	15273	2.6	263541	93.2	+390	+0.026

注：绿柱石平均按含氧化铍 13% 折算氧化铍量。

中国铍矿主要类型为花岗伟晶岩型、热液石英脉型和花岗岩（包括碱性花岗岩）型。花岗伟晶岩型是最主要铍矿类型，约占国内总储量的一半，主要产于新疆、四川、云南等地。热液石英脉型铍矿具有规模中等、品位较富、矿物结晶较粗等特点，也是目前开发利用的类型之一，矿床主要分布在中南及华东地区。花岗岩型铍矿多见于地槽褶皱带。含铍花岗岩分为酸性岩和碱性岩两种，岩体规模较小，呈岩株、岩舌、岩盖状出现，矿体位于岩体顶部或边缘。此外，还有含铍条纹岩型（湖南香花岭）、云英岩型（广东万峰山）、火山热液脉型（福建福里石）、浅粒岩型（湖北广水）等。除云英岩铍矿早有开采利用外，其他类型至今尚未得到有效的开发利用。在上述铍矿类型中，花岗伟晶岩型铍矿在中国最具发掘潜力，在新疆阿勒泰和西昆仑两个稀有金属成矿带，已划分出成矿远景区数万平方千米，伟晶岩脉近 10 万条。此外，在川西、滇西、东秦岭等地区也有一定的找铍远景。

国土资源部矿产资源储量司 2000 年 7 月《全国矿产储量通报》所统计的数据显示，中国已探明储量的绿柱石与氧化铍矿区有 75 处，矿床分布在国内 15 个省区，其中新疆、内蒙古、四川、云南 4 个省区占总储量的 89.5%；其次为江西、甘肃、湖南、广东、河南、福建、浙江、广西、黑龙江、河北、陕西等 11 个省区，合计占 10.5%。绿柱石矿物储量主要分布在新疆（占 77.2%）、四川（占 9.6%），两省区合计占 90.5%；其次为甘肃、云南、陕西、福建 4 个省区，合计占 9.5%。

新疆铍矿产资源储量约占全国的 1/3，现已探明的铍矿区有 22 处，铍矿产资源的保有储量为 6.7 万吨（BeO），其中可可托海矿区探明的铍储量占新疆铍储量的 87% 左右。可可托海矿区是国内著名的大型稀有金属花岗岩矿床，富含锂、铷、铯、铍、铌、钽等，为全国开发最早的稀有金属矿产资源的基地。该矿区的“三号脉”是中国稀有金属的宝地，铍、锂、钽、铯资源储量占全国首位，其中铍矿石的保有储量为 1377 万吨，平均氧化铍含量 0.052%，氧化铍保有储量达 6.5 万吨。富蕴县的柯鲁木特大型锂铍钽铌稀有金属矿床 26 条脉矿，累计探明铍矿石的远景储量为 4183 万吨。

另外，从 2008 年开始，新疆塔城和布克塞尔蒙古自治县开展大规模矿产勘查，中国核工业二一六大队在该县白杨河矿区发现了铍矿藏带。白杨河矿区面积为 3698.37km^3，为亚洲最大的羟硅铍石型铍矿床，矿床平均品位0.139%，平均厚度为4.58m，铍矿体连续性好，工业矿带延伸稳定，截至2013年年底该矿已累计探明铍矿资源储量5.2万吨，预计在今后的3~5年内可新增储量1万吨以上，资源量已获中国国土资源部备案。该矿同时伴生有铀等工业矿产。

四川的铍矿资源也极为丰富，有特大型、大型、中型矿各1处，位于川西康定、雅江、道孚三县交界处的呷基卡锂铍矿床，是20世纪70年代初期勘查的特大型锂矿，共生的氧化铍储量达到了大型矿床规模，矿石品位较高，BeO含量为0.050%~0.091%。由于矿床多数位于海拔3500~4000m的高寒地区，开采困难。

内蒙古自治区哲里木盟扎鲁特旗的801矿，是已探明的特大型稀有稀土多金属矿体，其中Y_2O_3 16.28万吨，Ce_2O_3 16.13万吨，BeO 5.89万吨，Nb_2O_5 13.28万吨，Ta_2O_5 0.83万吨，ZrO_2 120万吨。选出的4种有工业价值的精矿为兴安石精矿、铌铁精矿、铌精矿、锆精矿。其中兴安石精矿，即硅铍钇矿（$Y_2FeBe(SiO_4)_2O_2$，Gadolinite），含Re_2O_3 37%，含BeO 5.6%，这种精矿可以用来生产工业氧化铍。另据报道，内蒙古赤峰市的台莱花钽铌铍矿脉范围内有10多处铍的矿脉，初步推算氧化铍储量有0.26万吨，品位约0.1%~1.0%，平均品位大于0.4%，该矿床可露天开采。

有资料报道，湖南的香花岭矿，已探明的BeO储量高达8.4万吨，主要为金绿宝石（$BeAl_2O_4$，Chrysoberyl）、香花石（$Ca_3Li_2Be_3Si_4O_{12}(FOH)_2$）、塔菲石（$Be_4Mg_4Al_{16}O_{32}$）等，

BeO含量在0.11%～0.65%之间。该矿山的采矿条件好，但是制定合理经济的选矿工艺也许还要一段时间。

浙江宁化县溪源矿区锌铍矿石储量也很丰富，现已探明锌铍矿石储量达410万吨，铍金属量1200t。

第二章 铍矿石的采选

第一节 铍矿石的选矿工艺

目前，世界上的铍矿开采方法分为两种：露采和坑采。美国犹他州的斯波尔山是世界最大的露采铍矿山，年开采能力12万吨。生产是高度机械化的，去除表土层之后，显出矿体，用自装式运载机进行开采。中国新疆可可托海稀有金属矿3号脉属大型稀有金属锂、铍、铌、钽、铷、铯等花岗伟晶岩矿床，是我国较先进的唯一露天开采矿床。

铍的选矿有手选和机选两种。由于铍多以伴生矿为主，手选仍是铍矿石生产的方法之一，并且即使采用机选，也仍然在机选前用手选回收粗粒绿柱石。资源集中的大型绿柱石矿山在机械化手选厂进行手选，例如巴西博阿维希塔选矿场、澳大利亚铍矿山。小型分散的露天矿，手选在采矿现场进行。手选获得的绿柱石精矿含氧化铍通常达到7%甚至10%以上，但手选回收率一般不超过30%。

铍矿石的机选有浮选、粒浮选和联合选矿法三种。美国Materion公司1983年在德尔塔（Dalta）冶炼厂建立了处理低品位浮选绿柱石精矿生产系统，主要用来开采北卡罗莱纳州金斯山低品位细粒绿柱石伟晶岩矿，提取率可超过80%。该工艺将浮选锂辉石后的尾矿，采用碱性介质的脂肪酸浮选工艺和酸性介质的石油磺酸盐浮选工艺，浮选绿柱石。两种工艺浮选绿柱石工业指标见表3-4。从表3-4可以看出，这两种工艺都是成功的，其中以酸性介质的石油磺酸盐浮选工艺指标更高，经济效益更好，工艺过程更易于控制，因此更有利于低品位绿柱石矿床的利用，酸性介质的石油磺酸盐浮选工艺流程如图3-1所示。

表3-4　金斯山绿柱石浮选半工业实验指标

工艺	产品名称	品位/%		回收率/%	
		BeO	LiO	BeO	LiO
碱法	绿柱石精矿	4.12		71.10	
	锂辉石精矿		5.97		70.10
	尾矿	0.069	0.45	100.00	100.00
酸法	绿柱石精矿	6.42		76.80	
	锂辉石精矿		5.90		49.20
	尾矿	0.066	0.43	100.00	100.00

美国对于典型的氧化铍含量为0.49%的羟基铍石（美国本土主要的矿产资源）和硅铍石原料，经氟化钠和六偏酸磷钠浮选后氧化铍含量可达14%以上，回收率为82%。巴

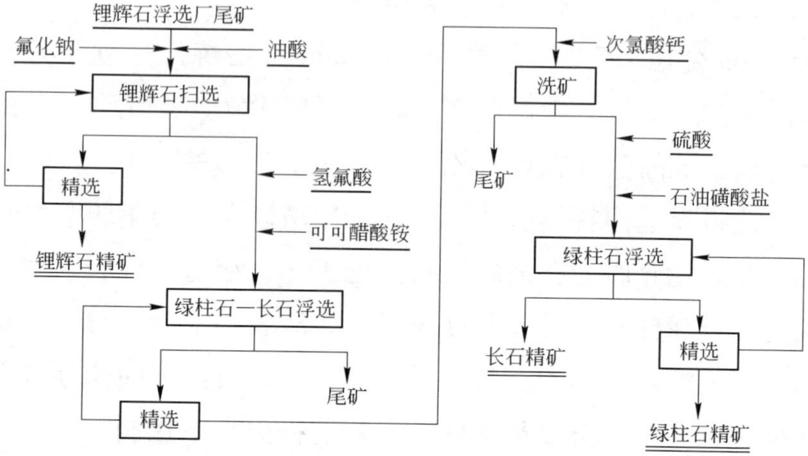

图 3-1　酸性介质的石油磺酸盐浮选工艺流程

西博阿维希塔建立选矿厂采用细粒浸染绿柱石的工艺，原矿品位为 0.3% 氧化铍时，回收率达 83%。

我国于 20 世纪 50 年代末开始铍矿物的选矿研究，所研究的铍矿石有绿柱石、硅铍石、金绿宝石等。先后研究出了酸法脱泥浮选、碱法脱泥浮选、碱法不脱泥浮选以及选冶联合等流程。

由于中国的铍矿石品位低，常与 Li、Nb、Ta、W、Sn 等伴生，为了充分利用新疆可可托海的稀有金属矿物资源，中国有关科研院所先后试验成功具有本国特色的重选—磁选—电选—浮选联合选矿工艺，即先选易浮矿物后再选铍或锂，铍优先浮选。浮选采用碱法流程，一个系统为先选易浮物再选铍，最后选锂的工艺，另一个系统为锂、铍优选工艺，使用的药剂为三碱和二皂，即碳酸钠、硫化钠、苛性钠、环烷酸皂和氧化石蜡皂，矿浆浓度为30%～35%。1983年可可托海选矿厂采用了新的捕收剂（733粉、羧肟酸钠），使流程进一步简化，并获得了优质铍精矿。铍精矿品位氧化铍含量7.8%、回收率61.44%，每吨原矿消耗6.0kg药剂。

在我国金绿宝石是仅次于绿柱石的重要铍矿资源，特别是湖南省湘南地区的金绿宝石矿不仅品位高，而且储量大，是我国潜在的重要铍原料基地。我国研制出选冶联合工艺处理方案，首先选用浮选法将原矿富集成含1% BeO以上的粗精矿，然后经烧结、磨矿、酸浸、萃取、反萃、水解，最后煅烧成含BeO 97%的氧化铍产品，总回收率65%。但该方法并不具备广泛的适应性，在处理湘南某些矿区的金绿宝石型含铍矿石时，上述捕收剂和调整剂方案并不具备分选效果，在原矿含BeO为0.3%的情况下，要求铍精矿品位达到2%都十分困难。

从美国浮选绿柱石方法分析看，工艺较简单、药剂种类少、药耗低、精矿成本低、铍回收率较高，而且综合回收了长石。我国机选绿柱石的工艺流程，比较系统全面，获得的精矿品位也比美国要高，但唯一不足是成本高，同时未回收其他非金属矿物。

第二节 主要铍矿山开采现状

目前世界主要的铍矿山开发情况见表3-5。

表 3-5 世界主要铍矿产国资源开采情况

国家	储量/万吨	地点	矿床类型	BeO 含量/%	开采公司	使用情况
美国	2.1	犹他州斯波山、内华达州	羟硅铍石	0.67 ~ 0.75	Materion	正常开采
俄罗斯	9.0	赤塔地区、穆尔曼斯克地区、依尔库茨克地区、阿尔泰边疆区	伟晶岩或绿柱石-云母石英岩矿脉带	0.014 ~ 0.198	乌拉尔绿宝石矿联合股份公司、雅罗斯拉夫斯克采选联合公司、外贝加尔斯克采选联合企业	自 1997 年停止了所有铍矿石的开采，但随时可以恢复生产
加拿大	1.5	耶洛奈夫索尔湖	正长岩硅铍石	0.66 ~ 1.4	Highwood 资源	计划开采
巴西	14.0	巴伊亚州、塞阿腊州、米纳斯吉拉斯州	含绿柱石花岗伟晶岩	0.3	Coriolano Limitada	1992 年前每年开采近千吨，目前状态不明

一、美国的铍矿山

美国是世界最大的铍矿石生产与消费国。Materion 公司的铍精矿主要来自犹他州斯波山的霍戈斯拜克与托帕兹两个羟硅铍石矿，美国所有本国开采的铍矿石都是在这两个矿开采的。矿山于 1960 年开始勘探，1969 年投产，为露天开采，采矿高度机械化，去除表土层之后，显出矿体，用自装式运载机进行开采。铍矿石用卡车运至 60km 以外犹他州 Lynndyl

的德尔塔（Dalta）工厂进行处理，在那里制成氢氧化铍。工厂既处理该公司开采的羟硅铍石，也处理进口的绿柱石。

二、俄罗斯的铍矿山

前苏联的绿柱石产量曾一直居世界第二位，约占世界绿柱石产量的20% ~23%，绿柱石精矿的生产绝大部分集中在俄罗斯。俄罗斯的绿柱石矿分布在科拉半岛、乌拉尔山脉、Transbakyl 和西伯利亚。主要采矿企业有乌拉尔绿宝石矿联合股份公司、雅罗斯拉夫斯克采选联合公司和外贝加尔斯克采选联合企业。1992 年以前，大多数在俄罗斯开采的矿石加工成精矿供给乌尔巴冶金厂使用。随着俄罗斯采矿公司与乌尔巴冶金厂之间经济关系的严重恶化，导致了铍精矿贸易的减少，俄罗斯各采矿公司在1997 年停止了铍矿石的开采生产。

（一）乌拉尔绿宝石矿联合股份公司

乌拉尔绿宝石矿联合股份公司以前称马雷谢夫斯克矿务局，开采位于斯维尔德洛夫斯克州的马雷谢夫斯克矿。国家对采矿生产给予补贴，否则由于矿石铍含量太低而不值得开采，现在大多数储量已被开采殆尽，20 世纪 90 年代露天采石场关闭，随后的采矿在地下进行。该公司以前通常生产两种铍精矿，一种是品位较高的矿石，BeO 含量为 8% 左右；另一种品位较低，用浮选法获取。近年来，公司致力于从矿床中开采宝石级的绿柱石，不再生产铍精矿。

（二）雅罗斯拉夫斯克采选联合公司

雅罗斯拉夫斯克采选联合公司以前从位于滨海边疆区的

沃兹涅先斯克和波格蓝尼契诺耶矿床上开采绿柱石，现在主要是开采氟石和锌精矿，绿柱石仅是作为副产品开发。

（三）外贝加尔斯克采选联合企业

外贝加尔斯克采选联合企业直到1997年还在生产绿柱石，过去通常从布里亚特共和国的叶尔马科夫斯科耶矿床与赤塔州的扎维金斯科耶矿床开采绿柱石，叶尔马科夫斯科耶矿床含有俄罗斯已知最高品位的铍矿，在一些区域氧化铍含量可达5%。此矿床在1980～1991年间被开采，矿石运到160km外的外贝加尔采选联合企业进行浮选。该公司从叶尔马科夫斯科耶矿床上开采了总计3.5万吨含BeO 8%和10%的铍精矿，所产精矿全部供给乌尔巴冶金厂进行铍冶炼加工。随着对乌尔巴冶金厂铍精矿销售量的减少，1991年矿石生产终止，现在该矿床上高品位储量的一半已被开采。外贝加尔采选联合企业也开采位于赤塔州的扎维金斯科耶的矿床，主要是为了提取其中所含的锂，铍矿石是副产品，每年生产60～80t铍精矿。20世纪50年代在扎维金斯科耶矿区运作的矿山具有年产100万吨原矿的能力，直到1997年已经开采了储量的大部分，运作随即停止了。

三、哈萨克斯坦的铍矿山

哈萨克斯坦有贝拉戈尔斯克耶和巴肯诺耶两个铍矿山，都位于东哈萨克斯坦区。两个铍矿都由稀有金属花岗岩组成，含有少量的Ta、Nb、Li和Be。直到1993年，贝拉戈尔斯克采选联合企业还在对两个矿山进行开采，生产4种精矿，供给本国的乌尔巴冶金厂使用，但目前的开采情况不明。

四、巴西的铍矿山

巴西的铍矿山集中在 Cerra 州的 Cascavel-Cristais 和 Quixeramobim-Cachoeira。绿柱石大多由 Guampeiros 进行小规模的开采，然后用手选法将绿柱石和尾石分离开来。据报道，位于 Bahia 州的 Coriolano Limitada 公司是巴西唯一的绿柱石精矿生产商，2000 年巴西的所有铍精矿均由它生产。巴西所生产的绿柱石精矿 50% 以上销往美国，是西方国家最主要的绿柱石提供国，每年供货近千吨。在 20 世纪 90 年代初期，巴西的 Coriolano Limitada 公司是世界上除美国 Materion 公司和俄罗斯铍组织之外的第三大生产商，但冷战结束后，随着用于防御的金属铍的需求量下降，Materion 公司不再从巴西进口绿柱石，巴西铍精矿产量严重下滑。

五、加拿大的铍矿山

加拿大不生产铍，但是 Highwood 资源公司 2000 年曾计划开发索尔湖羟硅铍石矿床，但没有进一步的报道证明该公司生产出铍精矿。在索尔湖有 5 个羟硅铍石矿床，分别为 Lake（最大的）、萤石、R、S 及 T。每一个矿床中都含有钽、铌、稀土元素、锆、镓和铍。据估计，索尔湖的储量为含 1.4% BeO 的矿石为 47.6 万吨，含 0.66% BeO 的矿石为 130 万吨。

六、中国的铍矿山

（一）可可托海稀有金属矿3号脉

可可托海稀有金属矿3号脉属大型稀有金属锂、铍、铌、钽、铷、铯等花岗伟晶岩矿床，成带性良好。该矿于1958年开始进行设计和露天开采，采用机械化分带作业，用2m^3的电铲分带装车，分类堆放，按选矿厂要求再用汽车运至选矿厂，废石运至废石场。当时的年采总量达110万~120万吨，生产规模为1500t/d，其中锂矿石500t/d，铍矿石900t/d，铌钽矿石100t/d，设计服务年限为24年，1961年被迫停产。1964年重新开采，确定生产规模为750t/d。露天采区累计开采铍矿石348万吨，锂矿石302万吨，铌钽矿石59万吨。可可托海稀有金属矿所属选矿厂设计有三个生产系列：选铍400t/d，选锂250t/d，选铌、钽100t/d。1999年12月，可可托海3号矿脉因矿体锂资源枯竭、经济效益持续低迷以及管理体制改革等原因，宣布暂时闭坑，2007年春天坑内积水抽干后又恢复正式采矿。据报道，可可托海3号矿脉就像一顶巨大的草帽，过去半个世纪的开采不过只是采掉了它的帽顶，目前3号矿脉露天采矿场外侧、底部铍矿石保有储量仍在2500万吨以上。按可可托海矿务局1988~1992年编写提交了该矿床的勘探地质报告：探明的B+C+D级矿石量为3925万吨，其中，铍矿石3608万吨，锂矿石299万吨，铌钽矿石18万吨。至2000年初，保有储量为锂矿石56万吨，铍矿石1377万吨。

由于3号脉露天采坑的停采闭坑和铍精矿的价格与市场不好，选矿厂也一度停止生产。2002年开始逐步恢复氧化铍的浮选生产，对云母、锂、钽、铌进行综合回收，设计矿石处理量为750t/d，年产绿柱石精矿（含BeO 7%～8%）1600t。

（二）柯鲁木特锂铍钽铌矿

柯鲁木特锂铍钽铌矿经勘探为一大型锂、铍、钽、铌稀有金属矿床，对26条矿脉进行了地质评价，其中112号、116号矿脉累计探明矿石量475万吨，Li_2O 4.58万吨，BeO 952t，$(TaNb)_2O_5$ 1215t。其余24条矿脉累计探明远景矿石量680万吨，Li_2O 3.13万吨，BeO 3231t，$(TaNb)_2O_5$ 1503t。矿山从1983年开始已进行了多年开采，开采对象为112号、114号、116号三条矿脉，生产规模为300t/d，在生产锂精矿的同时回收钽、铌、铍。由于多种原因，该矿于1996年11月停产。

（三）香格里拉钨铍矿

香格里拉钨铍矿是生产钨矿的矿山，铍粉精矿来自选钨后的尾砂。尾砂含氧化铍1%～1.5%，经选矿富集后的精矿含氧化铍6.5%～7.5%，每年可生产铍粉精矿1000～1500t。据地质资料：该矿区的钨储藏量为5万吨、氧化铍储量为2万吨，是目前国内一个较大的钨铍精矿生产企业。

第三节 世界铍矿石的产量

冷战结束的时间是铍矿石产量和用量的分水岭。据报道和估计，1992年世界铍矿石产量（毛重）为7455t，1994年降至5059t。进入21世纪以后，铍矿产量有了缓慢的恢复。2003年，由于仪表、自动化以及计算机领域需求的增加，特别是东南亚地区需求的增加，铍合金产品（带和块）的销售相比前一年提高，含铍矿石的消耗量冷战结束后首次增加。2004年以后，因全球（特别是欧洲）自动化产业、工业、无线电通信和计算机等领域对铍产品需求强劲增加，铍矿石的需求量连续多年呈持续增长态势。表3-6显示了2001~2007年美国USGS统计的世界各国绿柱石的产量。

表3-6 美国USGS统计的世界各国绿柱石的产量（毛重）（t）

国 家	2001年	2002年	2003年	2004年	2005年	2006年	2007年
巴 西	—	4	4	4	4	4	4
中国(估计值)	500	500	500	500	500	500	500
马达加斯加	1	1	1	1	1	1	1
莫桑比克	1	54	78	45	146	150	155
葡萄牙	5	5	5	5	5	5	5
美国矿石发货量	2480	1970	2100	2210	2780	3830	3810
赞比亚	7	7	7	7	7	—	—
合 计	2990	2530	2680	2760	3440	4480	4470

注：可能是换算成绿柱石的含量。

铍矿石的开采工业集中在美国，大约占世界采矿能力的2/3，全世界铍矿石93%被认为是美国Materion公司开采的。20世纪90年代铍矿石的其他主要生产者是俄罗斯、中国、哈萨克斯坦和巴西的公司。

Materion公司的铍矿石几乎全部来自该公司经营的犹他

州斯波山的两个羟硅铍石矿山，羟硅铍石的年产量为12万吨，约占世界铍矿物总产量的65%～70%。加拿大托尔湖的大型似晶石矿是一个引人注目的新型铍矿石资源，它很可能成为西方世界最大的铍矿，如果这一大型铍矿投产进入市场，必将会对铍工业发展产生重大影响，将明显影响到绿柱石作为铍工业主要原料的地位。从资源开发的前景看，羟硅铍石和硅铍石（似晶石）将取代绿柱石成为主要的铍矿石资源，该矿也可能成为美国铍工业的另一个矿物原料供应基地。

巴西和俄罗斯都是重要的铍矿石开采国和提供国。巴西每年供货907t，50%以上销往美国。冷战结束后因美国国防经费开支减少，1992年，Materion公司停止从巴西进口绿柱石，巴西铍矿石生产急剧下降。哈萨克斯坦的乌尔巴冶金厂以前消耗了前苏联铍精矿产量的大部分，矿石主要是在俄罗斯生产的。苏联解体之后，乌尔巴冶金厂停止了从俄罗斯进口铍精矿，部分原因也是因为乌尔巴冶金厂积存了相当数量的铍精矿。由于铍精矿的市场发生了根本变化，导致俄罗斯铍精矿生产于1997年停止。哈萨克斯坦铍精矿生产据报道在1993年停止。

除上述几个国家之外，在马达加斯加、葡萄牙和赞比亚也有铍矿石的常规生产。20世纪90年代，阿根廷、纳米比亚和津巴布韦也曾开采绿柱石，但现在几乎都停止了。也有资料报道，玻利维亚有过铍矿石生产，但没有数据。

第四节　铍矿石的可供性

1990年世界铍矿山的年生产能力为603t（铍金属量），

目前世界铍矿石产量在300t(铍金属量)上下浮动。若按年生产铍矿石600t(铍金属量)计算，世界的铍资源储量足够开采700年以上。因此，虽然近年来对铍的需求不断在增长，但目前国外的铍生产厂家都有充足的原料资源。Materion公司拥有充足的储备，以现在的生产水平可生产100年。美国在1992年和1996年期间停止了进口绿柱石，原因可能是因Materion公司需求量降低，还有一个原因可能是Materion公司从美国战略储备中购买了绿柱石。乌尔巴冶金厂拥有的矿石按照现在的生产水平足够生产大约30年，矿石主要来源于苏联解体前的储备。

世界上对铍矿石开发不会出现激烈竞争局面以及开发热潮。新的铍矿开发不多，Highwood资源公司自从1979年得到索尔湖矿的所有权以来，一直计划开发它的5个矿床；2007年一家加拿大的资源公司获得了乌干达7个绿柱石矿山并与巴西达成购买位于所有权属于巴西的两个绿柱石矿的开采权协议；一家澳大利亚的石油和天然气勘测公司获得了在安哥拉的一个铍项目。

第三章 铍矿石的冶炼

第一节 工业氧化铍的制取工艺

在铍的湿法冶金中，铍先转化成氢氧化铍，再煅烧成氧化铍。由于绿柱石十分稳定，普通酸碱在常温下对它不起作用，且氧化铍剧毒，氧化铍的生产工艺困难和复杂。长期以来，虽已研究了不少从铍矿物制取氧化铍的方法，但获得工业应用的迄今只有氟化法、硫酸法、硫酸—萃取法和硫酸—水解法。目前，从铍矿石中提取氧化铍的仅有中国湖南有色铍业有限公司、美国 Materion 公司和哈萨克斯坦的乌尔巴冶金厂等为数不多的几家企业。

一、氟化法

将70%通过0.074mm(200目)的绿柱石矿粉与硅氟酸钠(Na_2SiF_6)、碳酸钠混合，并制团。然后在隧道窑内，于750℃下烧结2h，铍变成可溶于水的铍氟酸钠：

$$3BeO \cdot Al_2O_3 \cdot 6SiO_2 + 2Na_2SiF_6 + Na_2CO_3 = 3Na_2BeF_4 + 8SiO_2 + Al_2O_3 + CO_2$$

烧结块磨细，用冷水多级逆流浸出，滤除残渣后，得到含 BeO 4~5g/L 的铍氟酸钠溶液，然后加入氢氧化钠溶液，使铍氟酸钠水解为氢氧化铍沉淀：

$$Na_2BeF_4 + 2NaOH = Be(OH)_2\downarrow + 4NaF$$

水解废液中氟化钠浓度较低，不便于蒸发回收，卡威奇(Kawecki)将硫酸铁加入溶液中，生成铁氟酸钠(Na_3FeF_6)沉淀和硫酸钠，氟化钠得以回收。

$$12NaF + Fe_2(SO_4)_3 = 2Na_3FeF_6\downarrow + 3Na_2SO_4$$

回收的铁氟酸钠返回配料。实际上配料过程中约60%的氟来自回收的铁氟酸钠，其余则需补加硅氟酸钠。

氟化法涉及的是碱性溶液，不存在腐蚀，设备问题容易解决，无特别的除杂质工序，过程简单。缺点是烧结条件控制要求严格，产品中硅含量高，特别是浸出液温度高时，硅显著增高；另外，烧结时氟的溢出，加重了防护和环境保护的难度。

美国的卡威奇·铍利可公司（Kawecki Berylco Inc.）和日本 NGK 公司曾经用氟化法生产过工业氧化铍。国内曾有过氟化法的小试验或半工业试验。目前只有印度采用氟化法生产氧化铍。

氟化法处理的矿物是高品位（$BeO > 10\%$）绿柱石矿，低品位矿中一般都含有较多的含钙矿物（石灰石、萤石等）。在烧结时，矿物中的钙会生成不溶的铍氟酸钙（$CaBeF_4$）而影响铍的浸出率。氟化法同样也不适应高氟矿，因为高氟铍矿中的氟主要以氟化钙形式存在，这点已在我国企业的试验室得到证实。

二、硫酸法

根据打开矿样的方法不同，硫酸法又分为不加熔剂与加熔剂（碳酸钠或碳酸钙）两种方法。前者是美国曾经使用的流程，后者是德国德古萨（Degussa）流程。我国采用硫酸法处理铍矿石也有 30 余年历史，所采用的工艺过程既不同于德古萨公司的方法，也不同于美国的方法，工艺具有独特性，近年来经过许多改进，不仅产品质量已达国际水平，而且能从非绿柱石矿中提取铍。

美国布拉什威尔曼公司硫酸法打开矿样的原理是基于矿物晶型结构的改变，先将绿柱石变成熔体，迅速水淬，然后将水淬块进行热处理。磨细后的物料经浓硫酸酸化以后，铍(硫酸铍）的浸出率高达91%，浸出液含 BeO 36g/L，矿石中的铝变成硫酸铝，其他金属杂质也变成相应的硫酸盐，硅则进入渣中被除去。加氨水中和浸出液，多余的酸变成硫酸铵。温度降到20℃以下时，硫酸铵和硫酸铝生成一种溶解度小的铝铵矾晶体，75%的铝进入铝铵矾渣被除去，反应方程式如下：

$$(NH_4)_2SO_4 + Al_2(SO_4)_3 + 24H_2O =\!=\!= (NH_4)_2SO_4Al_2(SO_4)_324H_2O(\text{矾})$$

向除铝后的溶液加入络合剂 EDTA 和氢氧化钠溶液，使铍变成铍酸钠（Na_2BeO_2），煮沸时铍酸钠水解出氢氧化铍沉淀。铝酸钠不水解，铁和其他杂质被络合均保留在溶液中。

德古萨硫酸法打开矿样的原理是基于绿柱石和碱（碱土）金属碳酸盐在熔化状态下完全变成了一种能被硫酸浸出的复合硅酸盐，过程主要反应如下：

$$3BeO \cdot Al_2O_3 \cdot 6SiO_2 + 6CaCO_3 =\!=\!= 3BeO \cdot Al_2O_3 \cdot 6CaSiO_3 + 6CO_2\uparrow$$

$$3BeO \cdot Al_2O_3 \cdot 6CaSiO_3 + 12H_2SO_4 =\!=\!= 3BeSO_4 + Al_2(SO_4)_3 + 6CaSO_4 + 6SiO_2 + 12H_2O$$

硫酸酸化、浸出后的溶液含 BeO 12 ~ 15g/L，蒸发到一定的浓度后，加入硫酸铵，冷却，同样溶液中的铝，在温度降到20℃以下时，硫酸铵和硫酸铝生成一种溶解度小的铝铵矾晶体，75%的铝进入铝铵矾渣被除去。与布拉什威尔曼公司硫酸法不同的是：除铝后不用络合剂，而是用分步沉淀的方法，在 pH = 5 时，氧化中和除铁；再提高 pH 值到 7 ~ 8，铍生成 $Be(OH)_2$ 沉淀。显然，产品质量比布拉什威尔曼公司硫酸法差一些，但可以满足铍铜合金生产的原料要求。

德古萨硫酸法铍的浸出率比布拉什威尔曼公司硫酸法高，但硫酸的用量则是布拉什威尔曼公司硫酸法的1.6倍。

无论是布拉什威尔曼公司硫酸法或德古萨硫酸法，都是以处理高品位绿柱石为基础的。布拉什威尔曼公司进口绿柱石要求氧化铍含量大于11%。德古萨法在处理低品位铍矿时，虽然铍的转化率高，但渣量增大，浸出液含铍低等因素会使指标降低。中国水口山六厂的经验证明：如果铍矿石品位低于9%，回收率将明显下降。对于高氟矿，则由于氟的存在，在铝铵矾结晶阶段，除铝效率下降，较多的铝保留在溶液中，结果最终产品中铝超标。

我国工业氧化铍的生产也是采用硫酸法。最初选择硫酸法提取铍主要基于以下两点：一是德国德古萨（Degussa）硫酸盐法生产氧化铍的资料比较系统；二是硫酸盐法试验条件比较充分，因此我国水口山六厂工业氧化铍的生产工艺是从德国德古萨硫酸法改进而来的，其工艺流程如图 3-2 所示。

以绿柱石为原料加方解石配料混合，装入电弧炉，在1400 ~ 1500℃下进行熔炼，熔体经水淬、球磨成为高反应活

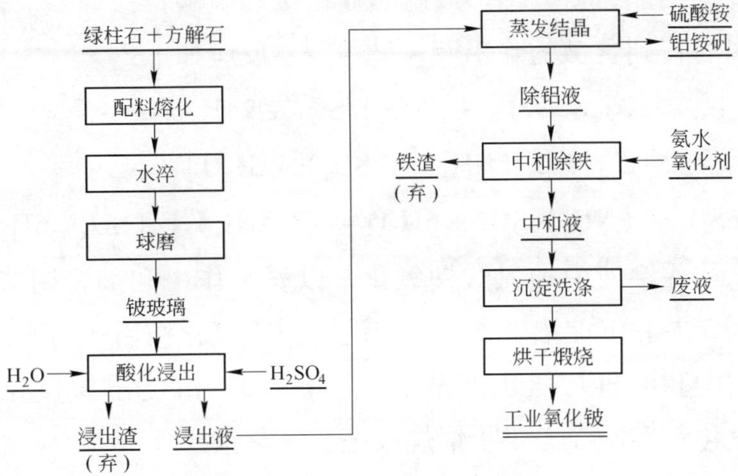

图 3-2 我国水口山六厂工业氧化铍生产流程

性的铍玻璃体，其反应为：

$$3BeO \cdot Al_2O_3 \cdot 6SiO_2 + 2CaO =\!=\!=$$
$$CaO \cdot Al_2O_3 \cdot 2SiO_2 + CaO \cdot 3BeO \cdot SiO_2 + 3SiO_2$$

湿磨后所得细铍玻璃与浓硫酸混合，剧烈反应可使温度升至250℃左右，过程中硅酸盐脱水，析出 SiO_2，然后用水逆流浸出。液固分离后得到含铍的浸取液，过程主要反应如下：

$$4H_2SO_4 + CaO \cdot Al_2O_3 \cdot 2SiO_2 =\!=\!=$$
$$CaSO_4 + Al_2(SO_4)_3 + 2SiO_2 + 4H_2O$$
$$4H_2SO_4 + CaO \cdot 3BeO \cdot SiO_2 =\!=\!=$$
$$CaSO_4 + 3BeSO_4 + SiO_2 + 4H_2O$$

浸出液中含有铁、铝等杂质，经浓缩后，添加硫酸铵，再冷却结晶，铁、铝形成硫酸亚铁铵和硫酸铝铵矾渣。液固分离后得到含铍的除铝液，过程主要反应如下：

$$Al_2(SO_4)_3 + (NH_4)_2SO_4 + 24H_2O = 2[(NH_4)Al(SO_4)_2 12H_2O]$$

$$FeSO_4 + (NH_4)_2SO_4 + 6H_2O = (NH_4)_2Fe(SO_4)_2 6H_2O$$

往除铝液中加氯酸钠氧化，以氨水作中和剂，调节 pH 值为 5 左右沉淀铝、铁。铁渣洗涤回收氧化铍后送污水站处理。中和液再加氨水调节 pH 值至 7.5，沉淀出氢氧化铍。氢氧化铍经洗涤、烘干锻烧成工业氧化铍。

我国水口山六厂工业氧化铍的生产工艺是从德国德古萨硫酸法改进而来的，这些改进对氧化铍产量增加、质量改善、磷含量的降低，都起到了十分重要的作用。虽然流程较长，但金属回收率达 80%、产品质量较高，特别是化工原料廉价易得，具有较低的成本优势。我国水口山六厂工业氧化铍生产工艺存在不能处理高氟铍矿的缺点，对铍矿石的品位、粒度、杂质含量要求比较严格，矿石适应能力较差。

近年来，我国用来生产工业氧化铍的绿柱块矿日趋短缺，为了满足铍产品市场和军工产品对铍材的需要，必须寻找替代绿柱石块矿的其他铍矿资源。为此，水口山六厂对一些非绿柱石铍矿生产工业氧化铍的工艺进行了大量研究，并建立了相应的工艺流程，为各种铍矿资源的利用奠定了基础，使工业氧化铍及其他铍产品的生产得以持续和发展。这些非绿柱石铍矿石主要有日光榴石（$Mn_8(BeSiO_4)_6S_2$ helvine）、硅铍钇矿（$Y_2Fe \cdot Be(SiO_4)_2O_2$，gadolinite）、加拿大似晶石（$Be_2SiO_4$，phenacite）、俄罗斯硅铍石（$4BeO \cdot 2SiO_2 \cdot H_2O$，bertrandite）、湖南郴州金绿宝石（$BeAl_2O_4$，chrysobryl）和香花石（$Ca_3Li_2Be_3Si_3O_{12}(FOH)_2$）。对于高氟铍矿石，是目前乃至今后铍矿石的主要来源，水口山六厂分别研究了铍矿湿法脱氟、硫酸化焙烧脱氟和碱熔水解法等脱氟工艺，取得了好的效果，通过小型试验和工业规模试验，确定各项技术条件和设备型号后，水口山六厂于 2005～2006 年设计建成了一个年处理 2000t 高氟铍矿的硫酸化焙烧脱氟车间。硫酸化焙烧脱氟可使矿石的 F/BeO 从 30%～100% 下降到低于 8%，由于焙烧后浸出率提高，氧化铍总回收率提高了 2%。

1996 年以前，水口山六厂工业氧化铍的生产能力只有 60t/a。1996 年 8 月新建工业氧化铍车间投产，生产能力达到 80t/a。随着市场需求量的增加，2001 年又对部分工序进行调整，使氧化铍生产能力增加到 120t/a。

三、硫酸—萃取法

1969 年以前，铍工业的原料都是绿柱石。1969 年，美国布拉什威尔曼公司在硫酸法的基础上研发出硫酸—萃取法工艺，是美国工业氧化铍生产的主要工艺，其工艺流程如图 3-3 所示。硫酸—萃取工艺不仅可以处理含 BeO 10% 以上的高品位绿柱石精矿，还可处理含 BeO 0.6%～0.7% 的羟硅铍石原矿，这使布拉什威尔曼公司摆脱了对绿柱石资源的依赖。

由于绿柱石和羟硅铍石具有不同的特性和不同的矿物学

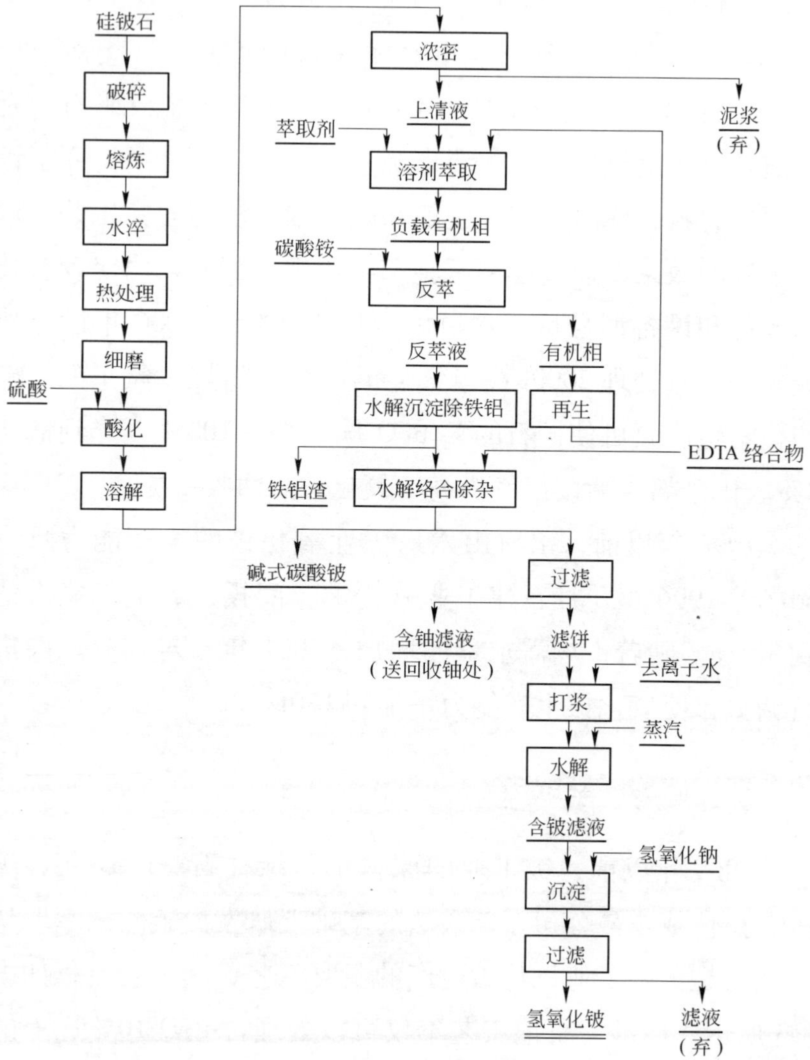

图 3-3　美国布拉什威尔曼公司工业氧化铍生产流程

原理，因此采用不同的方法制备硫酸铍溶液。绿柱石在1700℃下熔融水淬，接着在1000℃下进行热处理，冷却后球磨至0.043mm(325目)，再用硫酸酸化，并用水浸出。此后用5个直径为4.6m的浓密机进行液固分离。羟硅铍石则只要湿磨至小于0.833mm(20目)，在100℃下用10%硫酸处理，再用8个直径为27.4m的浓密机进行液固分离。

将溶液pH值调至0.5~1.0。采用磷酸二(2-乙基已基)酯（D2EHPA)-乙醇-煤油作为有机相进行八级逆流萃取，铍及少量铝、铁进入有机相，萃余液废弃。该萃取过程反应式为：

$$Be^{2+}(a) + 2H_2X_2(o) = BeH_2X_4(o) + 2H^+(a)$$

$$(H_2X_2 \text{ 代表 D2EHPA})$$

获得的负载有机相用碳酸铵溶液反萃，此时，铍进入水相中形成铍碳酸铵，铁、铝也进入水相，反萃过程反应式为：

$$BeH_2X_4(o) + 2(NH_4)_2CO_3(a) = (NH_4)_2[Be(CO_3)_2] + 2NH_4HX_2(o)$$

反萃后的有机相经硫酸酸化再生后返回萃取工序，加热反萃液至70℃，使铁、铝水解沉淀而分离，再将除铁、铝后的溶液加热至95℃，并加入EDTA络合物，使铍碳酸铵水解而沉淀出碱式碳酸铍。过滤后的含铀滤液用于回收铀，而滤饼则用去离子水打浆后再用蒸汽加热至165℃水解，主要反应式如下：

$$2[(NH_4)_2CO_3BeCO_3] = BeCO_3Be(OH)_2 + 4NH_3 + 3CO_2 + H_2O$$

$$BeCO_3Be(OH)_2 + H_2O = 2Be(OH)_2 + CO_2$$

水解得碱式碳酸铍沉淀和铍滤液，滤液加碱后沉淀出氢氧化铍，与碱式碳酸铍一同作为产品。

硫酸—萃取流程由于有机相及反萃沉淀液均可返回利用，效率较高。排出的污染物除浸出渣外，只有萃余液和酸洗废液，数量少易于处理，同时萃取与反萃取过程具有连续化、自动化的特点，有利于解决车间生产安全与环境污染的问题。对杂质锂、氟含量高的矿石也能获得质量好的氧化铍产品。产品的回收率达 80% ~ 90%，杂质 Fe_2O_3 含量0.007%。

四、硫酸—水解法

哈萨克斯坦乌尔巴冶金厂铍生产流程原属于硫酸法，同样也因原料的改变而发生了很大的变化。乌尔巴冶金厂的铍矿石原料来自俄罗斯赤塔地区的五一镇，矿物成分为硅铍石（$4BeO \cdot 2SiO_2 \cdot H_2O$）和似晶石（$Be_2SiO_4$），不能直接酸溶。原矿含 BeO 1.2%，经选矿后达8% ~9%。精矿的成分为：BeO 8%、Al_2O_3 8.7%、Fe_2O_3 11.7%、F 6.7%、Mn 1.1%。乌尔巴冶金厂处理这种矿石的工艺流程大致如下：将矿石加5%的碳酸钠在1350℃下熔化、水淬、细磨，矿石中的铍转变成酸可溶铍，然后用硫酸酸化、水浸。铍、铁、铝都转变成相应的硫酸盐进入浸出液，大部分氟以 HF 或其他可溶氟化物同时进入浸出液。将浸出液加氨水中和，使铍、铁、铝分别生成 $Be(OH)_2$、$Fe(OH)_2$、$Fe(OH)_3$、$Al(OH)_3$混合沉淀物。向混合沉淀物中加入氢氧化钠溶液，

$Fe(OH)_2$、$Fe(OH)_3$不会溶解，$Be(OH)_2$、$Al(OH)_3$则生成铍酸钠和偏铝酸钠溶液，主要反应方程式如下：

$$Be(OH)_2 + 2NaOH \xlongequal{} Na_2BeO_2 + 2H_2O$$

$$Al(OH)_3 + NaOH \xlongequal{} NaAlO_2 + 2H_2O$$

将上述溶液煮沸，铍酸钠水解成$Be(OH)_2$，铝则保留在溶液中，从而实现铍和铝的分离。据俄罗斯专家称：此方法的回收率达到95%。

中国水口山六厂根据俄罗斯专家提供的资料进行了探索，在试验室内走完了上述流程，回收率为85%左右。目前可以看到的问题是：碱的消耗量大，每吨氧化铍要增加成本6万元；另外废水量大，每吨氧化铍约产生1000t废水，其处理费用也会给成本带来压力。

第二节 高纯氧化铍的制取工艺

高纯氧化铍的制取，各国采用的方法有很大区别，其效果也不相同。主要的工业方法有碱式醋酸铍蒸馏法、硫酸铍重结晶法、络合法，其中络合法最为普遍。络合法以工业氢氧化铍或提纯后的工业氢氧化铍为原料，通过溶解蒸发结晶除硅，络合沉淀制得高纯氢氧化铍，再用CP硫酸溶解并控制酸度，冷却结晶，得到硫酸铍，再经特别的洗涤，得到高纯硫酸铍，然后烘干，在严格的温度制度下，煅烧得到高纯氧化铍。其工艺流程如图3-4所示。

美国布拉什威尔曼公司和中国水口山六厂都采用络合

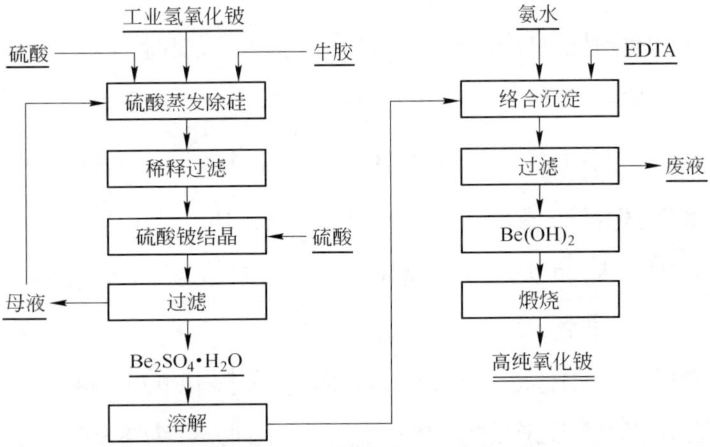

图 3-4 高纯氧化铍生产流程

法生产高纯氧化铍，生产工艺基本相同，都是通过煅烧硫酸铍来获得高纯氧化铍粉。不同之处是布拉什威尔曼公司用萃取法生产的氢氧化铍为原料，水口山六厂是用经过提纯的工业氢氧化铍为原料。我国高纯氧化铍与美国 UOX 氧化铍质量对比，见表 3-7。水口山六厂高纯氧化铍年生产能力为 10t，实际生产量由市场需求决定，近几年产量大约为 4 ~ 6t/a。

表 3-7 我国高纯氧化铍与美国 UOX 氧化铍质量对比 （%）

元 素	湖南水口山六厂典型值	美国布拉什威尔曼公司	
		min	max
S	0. 08 ~ 0. 15	0. 08	0. 15
Al	0. 0025	0. 004	0. 01
Ca	0. 0015	0. 003	0. 005

续表 3-7

元　素	湖南水口山六厂典型值	美国布拉什威尔曼公司	
		min	max
Fe	0. 003	0. 002	0. 005
Mg	0. 001	0. 0025	0. 005
Si	0. 005	0. 005	0. 01
Na	0. 02	0. 0025	0. 005
K	0. 004	0. 0015	0. 005
灼失	0. 5	0. 5	1. 0
BET 比表面积/$m^2 \cdot g^{-1}$	8. 5 ~ 11	9 ~ 10	9 ~ 12

第四篇

金属铍的冶炼与加工

第一章　金属铍的冶炼

金属纯铍的生产工艺主要有两种，一种是氟化铍镁热还原法，制取的金属铍为珠状，纯度一般在97%左右；另一种是电解氟化铍或氯化铍，制取的金属铍为鳞片状，纯度可达99%以上。工业规模生产金属铍主要采用氟化铍镁热还原法工艺，哈萨克斯坦、中国、印度都是如此，美国是两种方法都采用。

第一节　氟化铍镁热还原法

氟化铍的镁热还原法生产金属铍主要包括三个主要步骤，首先制备出具有一定纯度的氟铍化铵晶体：

$$Be(OH)_2 + 2NH_4HF_2 = (NH_4)_2BeF_4 + 2H_2O$$

氟铍化铵加热分解成玻璃状的氟化铍：

$$(NH_4)_2BeF_4 = BeF_2 + 2NH_4F$$

用镁将氟化铍还原成金属铍珠：

$$BeF_2 + Mg = Be + MgF_2$$

氟铍化铵分解时所产生的氟化铵经淋洗吸收所得的溶液，以及浸洗还原渣所得的氟化铍溶液用来溶解氢氧化铍。

在还原过程中，要保持25%的氟化铍不还原，需减少镁的投入量，原因是反应非常激烈，急剧升高的温度使镁挥发，甚至燃烧造成损失。采用加助熔剂氟化钡又带来新的杂质。控制氟化铍一次还原75%的方法，在下一步浸出时返回，不会有直接损失，但效率降低。

一、美国布拉什威尔曼公司的氟化铍镁热还原法

美国布拉什威尔曼公司采用氟化铍镁热还原法，其工艺流程如图4-1所示。在第一阶段，把中间性产品氢氧化铍转

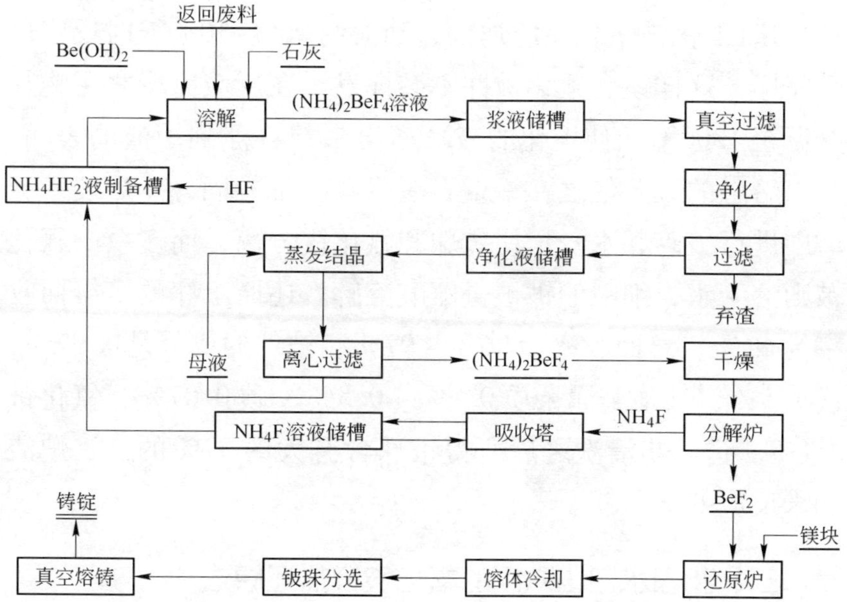

图4-1　美国布拉什威尔曼公司氟化铍镁热还原法流程

化成提纯了的无水氟化铍（BeF_2），这包括把氢氧化铍溶于氟化氢铵，向所得溶液加入固态碳酸钙，将溶液加热至80℃使之转化成碱性溶液，从而使溶液中的铝从溶液中沉淀出来。

在进一步净化和过滤之后，溶液中的氟铍酸铵通过在真空中的顺流蒸发作用而形成结晶，所得结晶装入感应加热，石墨衬里的炉子经过热分解成为氟化铍。这一物料流到炉子底部，在水冷铸轮上凝固成为一种玻璃状的产品。

在下一阶段，氟化铍与金属镁一起装入一个直径为610mm的石墨坩埚，加热源为高频炉，功率100kW。每次加入约120kg氟化铍，43.5kg镁，反应周期为3.5h，炉料先慢加热，至650℃时镁熔化，开始与氟化铍反应。在803℃时氟化铍熔化反应加快，到大约900～1000℃时反应进行完毕，这样镁和氟化铍并不会挥发。在反应完毕之后物料升温至1300℃，使熔化的铍分离出来并且浮到炉渣的表面。倒出熔融的铍并使之在一个石墨收料缸中凝固，然后装入球磨中进行破碎和水浸，使铍珠和氟化镁分离，而多余的氟化铍则溶于水，细粒的铍被氢氟酸溶解。还原工序的直接回收率为62%，总回收率为96%～97%。铍珠的成分是铍97%，镁1.5%，其他金属杂质0.2%～0.5%，碳0.07%，氧化铍0.1%。进一步清洗之后所得铍珠含有大约97%的铍、炉渣和未反应的金属镁。

二、我国水口山六厂的氟化铍镁热还原法

我国水口山六厂氟化铍镁热还原法工艺流程如图4-2所

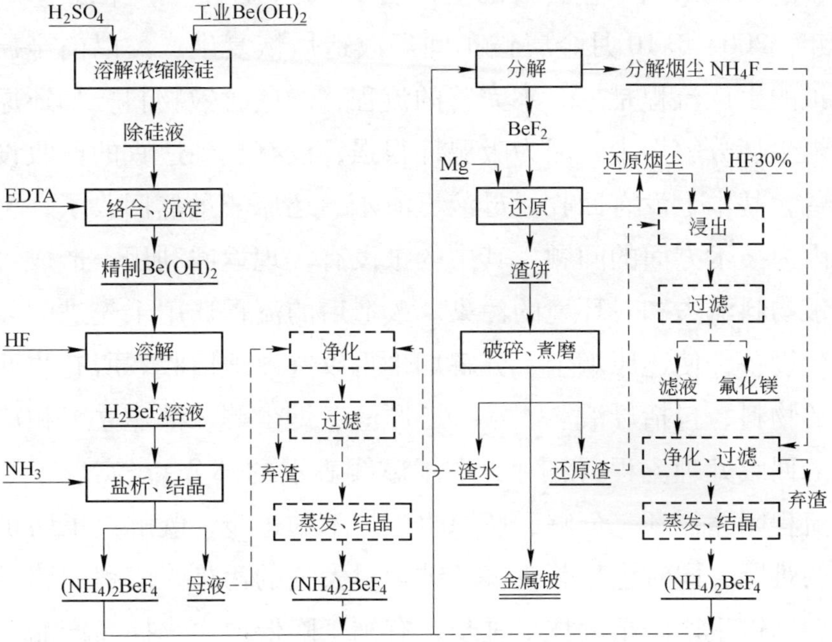

图 4-2　中国水口山六厂氟化铍镁热还原法流程

示。工业氢氧化铍经硫酸溶解，EDTA 络合，除去杂质元素后，得到精制 $Be(OH)_2$；加 HF 溶解，得含 Be 70g/L 的 H_2BeF_4 溶液，通入氨气，得到 $(NH_4)_2BeF_4$ 晶体；将 $(NH_4)_2BeF_4$ 在中频炉内分解成 BeF_2 和 NH_4F，氟化铵进入收尘系统；氟化铍和镁在中频炉内还原，900℃下还原反应顺利进行，最后需将温度提高到1300℃，使金属铍和氟化镁都熔化，铍聚集成块，浮在氟化镁熔体之上，一并倒入铸模，冷却成饼状；将渣饼破碎，煮磨，筛分得金属铍珠和氟化镁。

水口山六厂金属铍的生产自 1980 年后停产，中断了 24 年，2004 年 10 月金属铍车间经改造后恢复生产。以前金属铍的生产流程是一个不完善的流程，一些含铍物料，如还原烟尘、分解烟尘，因为吸湿性很强，没有找到适宜的回收设备，基本上没有回收。母液、渣水、还原渣虽然回收了，也因为技术方面的问题，其中的铍没有实现返回利用，造成含铍物料流失和对环境的污染。改造后的流程选用了先进的收尘设备，使还原烟尘、分解烟尘得以有效地回收。所有收回的物料，包括母液、渣水、还原渣、烟尘等，都建立了相应的回收处理流程（图 4-2 中用虚线表示的部分），实现了全流程闭路循环。分解、还原收尘技术的进步，既解决了防护的难题，同时也显著改善了铍尘对大气的污染。流程闭路是金属铍生产的重大技术进步，有利于降低成本，提高产品竞争力。

我国水口山六厂金属铍珠的产品质量执行 YS/T 221—2011 标准，其杂质元素含量的典型值见表 4-1。杂质含量符合 YS/T 221—2011 标准 Be-2 级的要求，实际生产中水口山六厂 Be-1 的合格率可以达到 100%。

表 4-1　中国水口山六厂金属铍珠杂质元素含量的典型值

杂质元素	Fe	Al	Si	Cr	Ni	Mn	Cu	Pb	B	Mg	Zn
含量/%	0.08	0.03	0.02	0.003	0.001	0.003	0.001	0.002	0.0001	1	0.01

由于某些高端应用对质量提出了更高的要求，一般要求金属铍珠 Fe 含量低于 0.05%，即达到 YS/T 221—2011 中 Be-1 要求。水口山六厂的高纯铍珠（Be-1 级）是在现有

Be-2流程基础上生产的。按照水口山六厂设计的流程，是将 $Be(OH)_2$预先提纯再制备氟化物生产铍珠，所以只要在氟化物制备到金属铍还原过程的各环节不带进杂质即可提高纯度。据此，在许多操作细节上，如氟化氢和液氨的加入方法、结晶过程的控制、分解炉内部结构等方面都进行了局部的调整和改进。2006 年上半年的实践证明，用目前的 Be-2 生产流程和设备，可以产出高纯金属铍珠。为了确保高纯铍珠品级率高，改进了各工序设备的耐蚀性，延长其使用寿命，以避免设备损坏带来污染。实践结果：生产 Be-1 铍珠的合格率为 60%。

第二节 氯化铍的熔盐电解法

实践证明，氯化铍和氯化钠的低共熔混合物在电解时可以大大降低所需要的反应温度，减少氯化铍的挥发损失并减少对设备的腐蚀。从原则上来讲，使用电解法生产的鳞片铍比镁热还原法生产的铍珠更直接，更便宜些，纯度也较高。但直到 20 世纪 70 年代，这种方法才在工业生产中得到实际应用，目前仅有 Materion 公司具有该方法规模生产金属铍的能力。电解精炼方法制取金属铍最早是第二次世界大战期间德国使用的工艺。

氯化铍的熔盐电解法的工艺流程如图 4-3 所示，大致分两个步骤，先将氧化铍转化为无水氯化铍，再将氯化铍的熔盐电解。将氧化铍转化为无水氯化铍时，为了使反应连续，需加木炭与生成的氧化合成CO：$BeO + Cl_2 + C \rightarrow BeCl_2 + CO\uparrow$。用焦油作为制团料的黏结剂，也提供了一部分碳。氧化铍、木炭、焦油和水的比例是50∶60∶53∶53。混合以后压块，1000℃煅烧焦化。氯化炉一般呈方形，两侧装有导电的电极板，靠料块的电阻发热，使炉料加热至700～1000℃进行氯化反应。氯气从底部通入，而生成的氯化物从上部一侧导至冷凝器中冷凝得到氯化铍。粗的氯化铍中仍含有一些杂质如氧化铍和炭粉，通过蒸馏法净化。

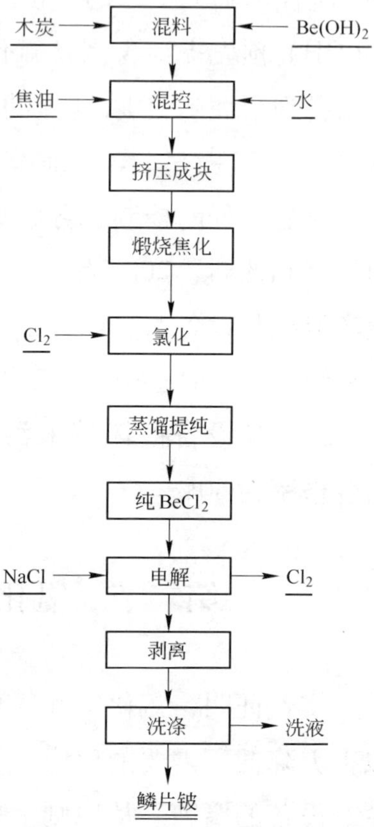

图4-3　氯化铍的熔盐电解法工艺流程图

氯化铍的电解是在镍制的电解槽中进行。大致等量的氯化铍和氯化钠混合，在坩埚中熔融，保持在350℃进行电解。镍坩埚本身作为阴极，石墨作为阳极，经改进的方法是在坩埚内放入阴极管。

电解结束后，将带孔的阴极管从电解槽中取出，电解质从孔中流回到电解槽，将得到的金属铍洗涤、干燥，成为纯净的鳞片铍。

第二章 金属铍的粉末冶金

铍铸锭晶粒粗大，强度和延性均很差，且各向异性严重，很难用于产品的加工。因此，铍材料一般都采用粉末冶金工艺制备，这几乎是目前获得高强度和满足其他性能要求的细晶粒铍材的唯一方法。

铍珠经真空熔炼制成铸锭，将铸锭车（或铣）削成碎屑，然后制粉。铍粉末采用真空热压、冷等静压—热等静压（简称等静压）、冷等静压—真空烧结（简称冷压烧结）、直接热等静压或粉末锻造等粉末冶金工艺固结到接近理论密度，获得铍锭坯，然后机械加工或轧制/挤压至产品尺寸和形状。通过提纯铍珠，控制铍粉末的化学成分、粒度组成等特性，合理选择固结温度与压力参数，可以制得各种不同用途与级别的铍材。真空热压和热等静压是铍材成型最常用的方法。

第一节 金属铍的熔铸

氟化铍镁热还原法生产的金属铍珠，杂质含量较高，仅以金属镁和氧化镁存在的镁杂质含量就高达0.1%～0.15%，因此需对铍珠进行提纯。提纯的方法是对铍珠进行熔炼，以提纯铍珠为目的的熔炼一般采用真空感应熔炼。氧化铍坩埚高的稳定性和氧在铍中小的溶解度，有效保证了熔炼后金属铍的纯度，因此，氧化铍坩埚是熔炼金属铍最好的坩埚材料，常用的模具材料是石墨。金属铍的熔铸的工艺流程如图4-4所示。

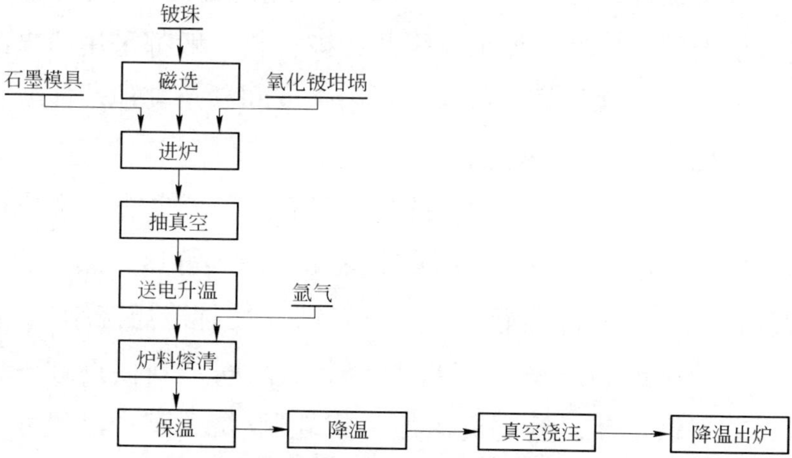

图4-4 铍珠熔铸工艺路线

铍珠经磁选后装炉，铍珠中的杂质按挥发难易可以分为三类：（1）易挥发杂质，如镁、锌；（2）中等挥发杂质，如铅；（3）难挥发杂质，如铁、锰、铬、镍、铜、铝、硅等。真空感应熔炼只能去除易挥发杂质，因此难挥发杂质只能在制备铍珠的化学冶金过程中控制。

熔炼过程中真空度越高越有利于杂质挥发，但在高真空下容易发生放电和金属喷溅，为此向炉内充入氩气。金属全部融化后保温5～10min以利杂质挥发。金属铍的浇注温度一般为1340～1370℃。浇注温度过低容易形成冷隔和气孔，过高则铍与石墨铸模容易发生碳化反应。提高浇注温度可以进行快速冷却，获得细晶粒，但同时增加了缩孔深度，也可能导致铸锭内部的应力裂纹；相反浇注速度太慢，虽然有利于补缩，但又有可能产生严重的重叠、结疤等。按一炉装10kg铍珠标准计，浇注过程一般控制在30s之内。

20世纪70年代末，鉴于铍的铸造技术前20年的研究一直没有重大进展，晶粒度一直未获得细化，铍研究者提出铍的铸造只有作为提纯手段时才有用。但21世纪以来，美国Materion公司开发了铍的真空电弧熔炼、电子束精炼技术以及真空电弧熔炼（VAM）获得了一定程度的晶粒细化，已从铸锭直接开坯生产铍板、箔材的铍铸锭源产品，但技术细节并未公布。电子束精炼还能够进一步提高铍的纯度。

第二节 金属铍的制粉

铍粉性能是决定铍产品最终性能的关键因素。几十年来，金属铍粉的制备技术得到了不断的发展，共经历了四代，即从圆盘磨法、球磨法、气流冲击法到雾化制粉技术。目前各国工业上仍采用气流冲击法，仅美国Materion公司掌握了第四代铍雾化粉的规模化生产技术。

一、圆盘磨制粉

圆盘磨制粉和谷粒磨成面粉的原理一样，它有两个带有辐射状沟槽的圆盘，一个固定盘和一个转动盘。固定盘进行水冷并有中心孔，通过中心孔进料，动盘通过水平轴由马达驱动。

将一定尺寸的铍屑，靠风力输送到料斗内，用振动给料机将铍屑送入圆盘磨内，铍屑在两个磨盘间研磨成粉末。从两盘周边流出来的粉末被气流携带进入重力沉降塔内进行一次重力分级，粗粉落入圆盘磨内再进行细磨，细粉被气流携带进入旋风分级器进行第二次分级，离开旋风分级器的微细粉尘进入布袋收尘器，被旋风分级器捕集下来的粉末为产品粉。圆盘磨的关键部位和输送管道的转弯部位使用铍衬里以减小设备磨损对粉末的污染。

圆盘磨的工艺实现了连续研磨制粉，生产效率高，产品料中基本不含有微细粉尘，杂质含量较低，并在密闭系统中制粉，整个系统处于负压，有利于操作中对铍尘的污染。

用该方法生产的铍粉破碎形式属基面解理，研磨出的粉末呈片状，其大的扁平面与｛0001｝基面对应。用它生产出的铍产品物理和力学性能表现出明显的各向异性，延伸率低。

二、球磨制粉

球磨法是常见的制粉方法。球磨机筒体转动时，研磨体随筒体回旋上升至一定高度落下，对物料产生冲击或磨削作用将物料粉碎。球磨制粉是最早采用的铍制粉工艺，又分湿磨和干磨两种。制取化学纯度较高的铍粉时一般使用铍衬里，而研磨球所使用的材料各种各样，通常取决于允许污染的程度。

球磨制粉处理量大，但操作过程中容易喷粉，造成粉末的损失和环境污染。

同圆盘磨一样，球磨法研磨出的铍粉呈片状，生产的铍产品物理和力学性能表现出明显的各向异性，延伸率低。

三、气流冲击制粉

气流冲击制粉是利用金属冷脆性发展起来的一种生产粉末的新工艺。它是利用高速、高压气体带着较粗的颗粒通过喷嘴轰击在击碎室内的铍靶上，压力立刻从高压降到大气压，发生绝热膨胀，使铍靶和击碎室的温度降到室温甚至零摄氏度以下，冷却了的颗粒经撞击即被粉碎。气流压力越大，制得的粉末越细。

气流冲击设备对入料粒度有一定要求，粗大的铍屑不能直接用来冲击制粉，先采用球磨、棒磨或其他方法制成粉末粒度较小的铍颗粒，最好小于0.175mm(80目)。原料经进料口加入冲击磨内，首先随气流（一般为氩气）进入分级区经分级轮进行初分级，细粉经出粉口直接进入旋风分级区进行二次分级，细粉落入盛料桶内，超细粉被气流分离出去，进入布袋收尘器中，粗粉被分离出，落下来，随高压气流冲击在铍靶上进行破碎，随后再进入分级区进行分级，整个过程是连续的。通过调节分级轮转速和气体流量改变铍粉粒度。

冲击研磨制粉得到的铍粉末成多角块状，粉末择优取向小，且因气流冲击制粉的温度较低，制粉过程采用惰性气体保护，表面不易氧化，纯度较圆盘磨粉高。

四、惰性气体雾化制粉

惰性气体雾化制粉是将固态铍（包括铍废料）真空熔融后，通过一个小孔流出熔融的铍熔液，然后使用高速氦气气流吹向铍熔液（铍具有高热容，使用氦气才最有可能获得细晶粒铍颗粒和非稳态快速冷凝结构），将铍熔液雾化破碎成很小的小液滴，冷却后获得球形铍粉颗粒。当雾化气体压力增加，液体金属直径会减小，制取的粉末颗粒尺寸分布会趋向减小。这种方式生产出铍粉粒度范围大约为 44 ~ 110μm，且粉末中的 BeO 含量很低，粉末的微观结构是多晶的。

雾化制粉取消了传统由熔炼—铸锭—扒皮—切削到研磨成粉末中间极其繁杂的工序，并且必须解决铍活性强、控制液态金属流在喷嘴处凝结以及铍金属粉末和铍蒸气毒性防护等问题。目前仅 Materion 公司掌握该方法的工艺生产技术，与气流冲击粉末相比，雾化粉具有以下 3 个优点：

（1）气流冲击制粉获得的是多角形铍粉，雾化制粉制得的是球形颗粒粉末，显著减小或消除因粉末各向异性导致的铍坯各向异性。

（2）与气流冲击多角形铍粉相比，雾化球形铍粉流动性好和填充密度高，容易实现快速近净形工艺技术（RASF），宜于制取复杂形状的铍异型件，尤其适合做大尺寸光学级元器件。

（3）雾化粉末纯度高，表面干净，含有较低的氧化铍，可以改善光泽度，尤其适合做大尺寸光学级元器件。

五、其他铍粉制备工艺

美国核金属公司用等离子旋转电极法生产了高质量的球形金属铍粉。该方法是将纵轴方向高速旋转的圆柱形铍棒的一端逐渐加热熔化，在棒端熔化时，金属液滴因离心力作用而甩出，在氦气气氛中固结成细粉。用该方法生产的活性金属粉末优点是熔化的金属丝毫不与其他金属或耐火材料接触，因而减少了污染，并可能得到纯净的铍粉，生产的铍粉的氧化铍含量小于0.03%。

平板冷却法是在氦气中把铍棒末端用直流电弧熔化，熔融液滴滴落在一旋转铜盘上，可制得显微组织细小且溶解度过饱和的粉末颗粒。这种不规则的片状颗粒厚度约10μm，直径约在1000～2000μm之间，晶粒度约为1～10μm，氧化铍含量为0.49%。另外，还有通过升华冷凝制取细铍粉以及用汞阴极熔盐电解法制粉，但这些方法都未见用于生产的报道。

六、铍粉的净化处理

金属铍中杂质依据在铍中的溶解度可分为两类：(1)可溶性杂质，如Fe、Cu、Ni、Co等在铍中具有大的溶解度，固溶于铍中；（2）不溶性杂质，如Al、Si、Mg、Cr、Mn等，这些杂质通常存在于晶界。利用铍不溶于冷的浓硝酸这一特性，对铍粉进行酸洗处理。酸处理过程中不能固溶于铍中的杂质被酸溶解进入溶液，但固溶于铍中的Fe、Cu、Ni、Co杂质不能去除。酸处理过程还可以改变铍粉末颗粒的表面特征，酸洗后的铍粉表面变得清洁、光滑，流动性提高，在空气中不易潮解，沾污性减小。

第三节 金属铍的成型固结

铍的固结成型主要有冷等静压—烧结（CIP-S）、真空热压（VHP）、冷等静压—热等静压（CIP-HIP）、直接热等静压（HIP）、粉末锻压、电火花烧结等方法。这些方法都可以达到铍的近理论密度，但产品性能有所差异。真空热压和热等静压法最为常用。

一、冷等静压—烧结

冷等静压—烧结（简称冷压烧结）工艺是最早应用的铍粉成型固结工艺，其原理是将粉末冷等静压预成型后进行真空高温烧结，同样温度下，真空烧结密度高于在氩气气氛中烧结的密度。影响烧结制品性能的主要影响因素有烧结气氛、烧结温度及铍粉中Fe、Al、Si等杂质的含量。铍粉的烧结温度一般为1200~1245℃，烧结温度过低会导致烧结不致密，但是最高不能超过1250℃，否则容易导致晶粒长大、局部熔化等现象。

冷压烧结铍材相对密度可达97%~99%。抗拉强度σ_b

在150~230MPa之间，伸长率在1%左右，接近标准级热压铍材。

冷压烧结用于制取形状复杂、各向同性好的铍产品。采用冷压烧结的方法也可生产高孔隙率的多孔铍材。冷压烧结铍材主要用于对力学性能要求不高的场合，如微型反应堆用铍组件侧铍环。烧结成型后的铍坯还可以用来轧制铍板材、薄板和箔材以及挤压成管材等。

二、真空热压

真空热压是将铍粉末或经冷等静压制成的粉坯装入模具内，然后在真空热压炉内加压烧结的方法。热压工艺周期短、成本低，较冷压烧结有晶粒细、性能优良等优点，因而成为铍粉末固结最常用的固结方法之一。

常用的模具是石墨，因为石墨具有小的线膨胀系数，在冷却过程中，铍材只进行单向收缩。真空热压中石墨模具最大直径达到560mm，更大直径的模具则需要用镍合金制作，IN-100 合金可以制作1830mm 的模具。

热压成型工艺、压力等参数根据粉末化学成分及粒度来选择，粉末越纯、粒度越细则需要的温度更高、压力越大。典型的压制温度在1000~1200℃范围内，压力范围在0.5~14MPa（主要考虑石墨模具因素）。

真空热压铍材多用于对各向同性要求不高的场合，如微型反应堆上下铍块、气象卫星用铍镜、加工制作其他核能工业元器件。真空热压铍锭还用来轧制铍板。

三、热等静压

将铍粉充填至软钢包套内，经抽空、脱气处理和封焊之后进行热等静压，也可以先经冷等静压，然后再将冷压坯整形放入钢包套中脱气封焊，进行热等静压。铍热等静压工艺参数可选范围较宽，一般在 760 ~ 1100℃ 范围都可热等静压成型得到理论密度达 99% 的材料。

热等静压温度一般根据粉末及产品性能选择，较低的等静压温度能得到较高的强度，但是延伸率有一些损失，相反，较高的温度具有较低的强度但延展性较好。热等静压成型的最大优点是被压制材料在高温作用下有较好的流动性，且各个方向均匀受压，能在较低温度和压力下得到晶粒度细、氧化物分布均匀和各向同性良好的产品。

采用等静压成型工艺可以制备管、壳、棒等形状复杂、中空、薄壁、大长径比的铍制品，以及接近产品最终形状尺寸的异型件即所谓的近净形（NNS）产品。近净形（NNS）产品最大程度的减少了切削加工量，节约了昂贵的铍原料。

四、粉末锻造

粉末锻造是将铍粉或冷压粉坯装入包套，经脱气封焊，然后加热到 900 ~ 1100℃ 进行锻造。锻造制品性能处于压制—烧结品和固体锻件之间。粉末锻造法制作零件比由热压锭直接加工零件用料省、热循环时间短，但制作形状复杂的产品很困难。

第三章　金属铍的压力加工

由于铍的室温脆性，通常铍的压力加工是在540～815℃的温度下采用低速变形加工，且铍有毒和易损伤模具，加工时一般将铍包覆起来。铍的压力加工原料一般为真空热压铍锭，对真空铸锭进行压力加工的技术目前仅Materion公司掌握。铍压力加工产品有棒、管、箔、丝、锻件和各种型材。

第一节　铍板（箔）的轧制

铍板（箔）是将铍放入钢包套后在适当的高温下轧制制得。纵横交叉轧制工艺可以保证产品性能的均匀和稳定。轧制温度超过780℃必须用钢包覆进行轧制，以减少铍坯料氧化和开裂，如果轧制温度在650～780℃之间也可以采用无包套轧制。无包套轧制铍板的力学性能、表面光洁度和厚度均匀性比有包套轧制的板材要好。铍箔通常是在钢套内高温轧制而成的，厚度小于7.5μm的铍箔可用真空蒸镀工艺制备。

第二节　铍的挤压

铍的挤压技术不同于铝、镁、铜常规材料的挤压，因为铍强烈地粘着模具，且800℃以上铍与氧形成氧化物具有腐蚀性会划伤模具。因此，铍必须装入钢包套中进行挤压。

铍的挤压温度一般在 843 ~ 954℃，温挤压在 400 ~ 450℃进行。大部分挤压模具的压强不超过 1260MPa，挤压比应大于 9 ×，但不超过 60 ×。冷等静压压制坯锭也可被挤压，但挤压温度在 900 ~ 1065℃。铍粉也可直接挤压。铍的挤压材主要用作宇航用太阳能电池板的横梁、卫星桁架、燃烧元件套管等。

第三节 铍材的锻造

锻造可显著提高铍材的强度、塑性和疲劳寿命。仪表级铍材锻造后强度和延伸率分别由 400MPa 和 1% 提高到 700MPa 和 15%。旋压是制取无缝薄壁铍圆筒或铍圆环的方法。

第四节 铍 的 深 冲

深冲制薄壁铍零件可以大大降低生产成本。为了防止铍工件和模具间擦伤，润滑是铍深冲的技术关键。在深冲时，铍工件和模具的温度高于 595℃，传统的润滑剂将会蒸发掉，故铍深冲时采用自润滑模具或涂有石墨胶状悬浮体的石棉纸载体。粉状铝、石墨或铜的有机乳化悬浮液是更好的铍深冲冲压表面润滑剂。

第四章 金属铍的机械加工

铍机械加工可以是湿态加工，也可以是干态加工。干态加工铍屑回收容易，且不受切削液污染，缺点是加工中会产生大量的碎屑和悬浮粉尘，因此需要专门排风防护系统保证安全生产。相反，湿态加工防护问题较少，但铍屑回收困难。

铍的切削性能与灰口铸铁大体相当，一般的车、铣、刨、镗、钻、铰、锯、攻丝均可用于铍的加工，并能获得公差小、表面光洁度很高的零件。另一些加工方法，如电火花线切割、电火花打孔、机械研磨、抛光、电化腐蚀等也适合于铍材的加工。由于铍硬度较高，加工过程中刀具磨损很快，从而降低加工精度或超差。因此，铍加工时必须经常磨刀。铍最佳切削刀具为碳化钨或六方氮化硼刀具。

铍材的机械加工表面通常会产生一层由交叉孪晶和一些裂纹组成的网状结构损伤层（厚约0.025～0.05mm），这会降低铍材的性能，因此一些铍部件加工后需要进行化铣或热处理以恢复其性能，也会采取一些特殊的加工工艺将损伤减至最小，粗车最大吃刀深度为1.3mm，精车深度分别按1.3mm、0.5mm、0.25mm、0.13mm、0.05mm递减。

第五章 金属铍的热处理

铍相变温度很高，高温相（面心立方）向室温相（密排六方）转变的温度是1250℃，接近熔点1289℃。同时能够固溶于金属铍中的合金元素较少，仅有Fe、Cu、Ni、Co少数几种，但大多数铍的应用都要求铍纯度越高越好，这些杂质在制备过程中都被尽量去除了，铍中的微合金相较少。因此，总体来看，铍的热处理效果不明显。

铍的热处理方法有去应力退火、再结晶退火、冷热循环处理及固溶时效处理。

第一节　铍的去应力退火

铍材在成型、加工过程中产生的残余应力，在使用前要经过去应力退火进行消除。国外的去应力退火温度一般在760～800℃，保温1～2h，并在真空下进行。一般成型坯料去应力退火温度和时间低于加工件的退火温度和时间。

第二节　铍的再结晶退火

铍材经轧制和挤压后，晶格发生扭曲、晶粒被破碎，强度和硬度提高，这对于某些应用是十分有利的，但进一步加工必须进行再结晶退火使其软化。铍的再结晶温度与纯度、氧化铍含量、弥散程度及冷加工率的大小有关，一般在760～900℃之间。

第三节　铍的冷热循环处理

铍的冷热循环处理是模拟使用环境，对铍进行的热处理。

在冷热循环处理过程中铍工件的尺寸发生变化，这样可以减少在实际使用过程中由于温度变化可能发生的尺寸变化值。冷热循环工艺规程为：铍零件加热至99℃ ±5.5℃，在去离子沸腾水中处理10min，取出放至室温停留10min；冷至 -73℃ ±5.5℃，在丙酮与干冰中处理10min，冷热循环5次。

第四节　铍的固溶时效处理

铁是少数能固溶于铍中且具有一定量的杂质元素，因此铍的固溶时效处理主要是针对铁。将铍材加热到铁的固溶线以上熔点以下的温度保温，使铁在铍中固溶度达到最大，形成铁的过饱和固溶体，时效期间铁从过饱和固溶体中析出，形成析出强化相，使铍的强度提高。铍的固溶时效处理工艺根据铍的状态和化学成分而定，热压/热等静压铍材固溶处理温度一般在1100～1200℃，保温1.0h；对于挤压铍材，处理温度为900～1000℃，保温1.0h，时效温度范围很宽，一般在400～900℃。真空热压/热等静压铍一般在730～760℃，保温几小时甚至几百小时。

第六章　金属铍的连接

铍是金属材料中焊接难度较大的材料之一。国外花了很长时间才解决了铍的焊接难题，原因是无论采用何种焊接方法，焊接工艺的可重复性较差，致使很难确定出相应的铍焊接工艺标准。

铍在室温下会与氧反应形成致密的氧化膜，焊前必须采用化学法酸洗，酸洗液：10%氢氟酸溶液或40%硝酸溶液加5%氢氟酸溶液。酸洗后用丙酮及去离子水进行超声波清洗。

铍的焊接主要有钎焊、熔焊和扩散焊接等方法。采用不同焊接方法可实现铍与铍、铍与异种金属的连接。

第一节 钎焊技术

钎焊是焊接铍的首选方法，一般在真空下进行。常用的钎焊合金的成分和钎焊温度如下：Zn 427～454℃；Al-Si 566～677℃；Ag-Cu 649～904℃；Ag 882～954℃。Al-Si 钎焊合金特别适用于高强压力加工铍的焊接，因为钎焊温度低于铍的再结晶温度。另外 Ag-Cu、Ag-Pb、Ag-Pb-Cu、Cu-Pb、Ti-Be 和 Ti-Cu-In 也用于铍的真空钎焊。

第二节 熔化焊技术

铍的熔化焊接方法有金属极气体保护电弧焊、金属极压力惰性气体保护焊、电子束焊、激光焊等。气体保护电弧焊工艺使用铝焊丝，电子束焊接仅适用于铍板。金属极压力惰性气体保护焊工艺与气体保护电弧焊工艺接近，但可以获得更高强度的焊缝。

第三节　扩散焊接技术

铍扩散焊接主要有真空扩散焊和等静压扩散焊，焊接时不会出现裂纹和晶粒长大等熔化焊中常见的缺陷，是目前常用的铍材焊接方法。等静压扩散焊接接头性能基本接近母材性能。

铍与铍直接扩散焊接，焊接温度为300～900℃，压力20～140MPa，时间为2～4h。铍与其他金属焊接时，往往需要加中间层，常用的中间层材料有银、铝、铜、镍等，这些中间层有的使用箔材，有的用电镀的方法将中间层材料先电镀到铍材上。

第七章　金属铍的分析检验

铍的化学分析样品主要有铍矿石、氧化铍、金属铍珠及其冶炼中间产品、各种铍材、铍铜合金、铍铝合金和铍镍合金等。中国对金属铍分析检验都有详细标准，表4-2是铍的力学性能检验方法，表4-3是铍材料物理性能检验方法，表4-4是铍粉末的检验项目与检验方法，表4-5是铍的化学分析元素及分析方法。美国现行铍中金属杂质元素的检验标准只详细规定了铬、铁、锰、镍四种元素，其他元素各种检测方法获得的数据都能接受，但规定ICP(电感耦合等离子光谱)-AES作为出现争议时的仲裁方法。目前美国铍的化学分析检测方法更新较快，质谱法（MS）、中子活化法（NAA）、X射线光电子能谱法（XPS）、粒子诱发X射线荧光分析（PIXE）、卢瑟福背散射分析（RBS）、二次离子质谱（SIMS）等方法已经用于铍的化学分析检测。对铍物理和力学性能的检测都是按照ASTM标准进行的。

表4-2 铍的力学性能检验方法

项　目	检 验 方 法	执行标准
抗拉强度（σ_b）	金属室温拉伸试验方法	GB 228—2002
屈服强度（$\sigma_{0.2}$）	金属室温拉伸试验方法	GB 228—2002
断后伸长率（δ）	金属室温拉伸试验方法	GB 228—2002
杨氏弹性模量（E）	金属杨氏模量、泊松比试验方法	GB 8653—88
剪切模量（G）	金属杨氏模量、泊松比试验方法（计算）	GB 8653—88
泊松比（μ）	金属杨氏模量、泊松比试验方法	GB 8653—88
断裂韧度（K_{IC}）	金属材料平面应变断裂韧度试验方法	GB 4161—84
微屈服强度（σ_{mys}）	铍材微屈服强度试验方法	GJB 1855A—2008
冲击韧度（α_K）	金属沙比（U形缺口）冲击试验方法	GB 229—1994
硬度（HRB）	金属洛氏硬度试验方法	GBT 230—91

表4-3 铍材料物理性能检验方法

项　目		检验方法	执行标准
密度（ρ）		排水称重法	GB 3850—83
平均晶粒度（G）		金属平均晶粒度测定法	GB 6394—2002
热学性能	比热容（c_p）	激光脉冲法	GJB 2198—1994
	热导率（λ）	激光脉冲法	GJB 2198—1994
	线膨胀系数（β）	热机械法	GJB 2198—1994
	热扩散系数（α）	激光脉冲法	GJB 2198—1994

续表 4-3

项　目		检验方法	执行标准
电磁性能	电阻率（ρ）	伏特安培法	内控标准
	剩磁（B_r）	超导量子磁强计法	内控标准
无损检验	夹杂	X 射线照相检验法	GJB 1550—92
	裂纹	X 射线照相检验法	GJB 1550—92
	孔洞	X 射线照相检验法	GJB 1550—92

表 4-4　铍粉末的检验项目与检验方法

项　目	检验方法	执行标准
平均粒径	费氏粒径法	GB 3249—82
粒度分布	库尔特法	
松装密度	斯柯特容量计法	ISO 3923/3
比表面积	计算法	

表 4-5　铍的化学分析元素及分析方法

项目	分析元素	分析方法	执行标准	说　明
金属杂质元素	Fe	1.10-邻菲罗啉分光光度法	GJB 2513A—2008	
	Al	8-羟基喹啉萃取分光光度法		
	Si	钼蓝分光光度法		
	Cu	原子吸收光谱法		
	Mn	原子吸收光谱法		
	Cr	二苯卡巴肼分光光度法		
	Cd	石墨炉原子吸收光谱法		
	Zn	原子吸收光谱法		
	Pb	石墨炉原子吸收光谱法		
	Li	火焰发射光谱法		

续表 4-5

项目	分析元素	分析方法	执行标准	说明
金属杂质元素	Ni	原子吸收光谱法 电感耦合等离子光谱法	GJB 2513A—2008	铍合金
	Ag	催化分光光度法		
	Mg	原子吸收光谱法		
	Sm	电感耦合等离子光谱法		
	Eu	电感耦合等离子光谱法		
	Gd	电感耦合等离子光谱法		
	Dy	电感耦合等离子光谱法		
	Co	5-Cl-PADAB 分光光度法、 电感耦合等离子光谱法		铍合金
	Ti	电感耦合等离子光谱法		铍合金
	Zr	电感耦合等离子光谱法		铍合金
非金属杂质元素	O	脉冲加热红外吸收法		
	BeO	溴甲醇溶样 ICP-光谱法		
	C	高频燃烧红外法		
	Be_2C	化学-电导法		
	B	蒸馏-次甲基蓝分光光度法		
	N	蒸馏-奈斯勒试剂分光光 度法、蒸馏-盐酸滴定法		
主成分	Be	差减法计算、 电感耦合等离子光谱法		铍合金

第五篇

铍铜合金的冶炼与加工

第一章　铍铜中间合金的生产方法

铍铜中间合金的生产有熔合法和氧化铍碳还原法。熔合法即将金属铍直接熔入铜中，铍含量在4%～10%。这种方法简单，适应于金属铍废料的回收。

大量铍铜中间合金的生产都是采用氧化铍碳还原法，其生产工艺流程如图5-1所示。氧化铍、碳和铜在电弧炉内约2000℃的温度下熔炼，在高温和有铜存在的情况下，C能将BeO还原，生成Be_2C和CO，反应方程式如下：

$$2BeO + 3C = Be_2C + 2CO\uparrow$$

当有过量氧化铍存在时，氧化铍与碳化铍反应生成金属铍：

$$BeO + Be_2C = 3Be + CO\uparrow$$

将熔体倒出，冷却到1200℃，除渣，然后铸锭，铍会溶于铜中生成Be-Cu合金，而Be_2C、CO也会溶解在铍铜合金中。但当铸锭温度降至1000℃时，Be_2C、CO会从合金中沉淀析出，最终铍铜中间合金的含铍量约为4%。

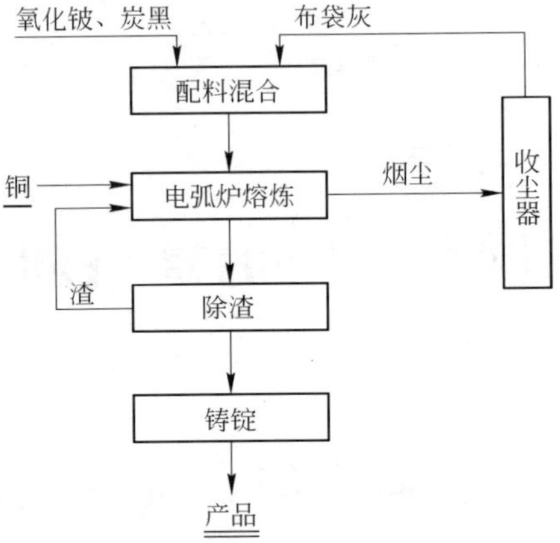

图 5-1 铍铜中间合金生产流程

第二章 铍铜合金的生产工艺

铍铜合金的生产工艺流程如图 5-2 所示。

第一节 铍铜合金的熔铸

铍铜合金的熔炼一般采用真空中频感应炉，它具有加热熔化速度快，有效减少熔炼过程中铍与金属的氧化损失和有利于负压状态下金属熔体中气体（H_2）的排出，铸造出来的铍铜合金锭质量较高。

将电解铜、铍铜中间合金、添加的中间元素在真空中频感应炉中加热到1300℃熔化，然后浇注。铸造工艺有模具铸造、水冷模铸造、无流铸造、半连续铸造和连续铸造等五

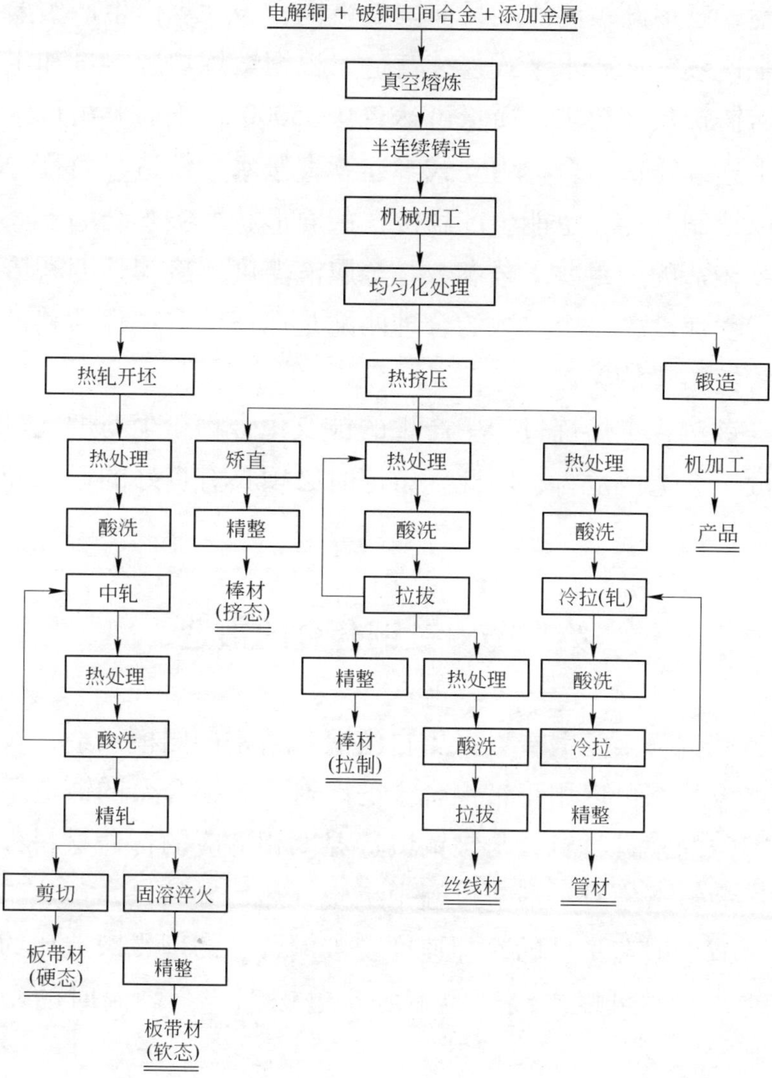

图 5-2 铍铜合金生产工艺流程

种。模具铸造、水冷模铸造和无流铸造铸锭质量小、内部组织欠致密、铍的偏析程度大，影响后序产品的质量和加工成品率，已逐渐被淘汰。目前国外铍铜合金大规模生产主要采用半连续铸造或水平式连续铸造，根据熔炼炉装料量和生产所需铸锭尺寸要求，质量可达200～5000kg/根。其中最常用是半连续铸造，全称为立式半连续直接水冷铸造，简称DC，可以拉制圆锭，也能生产扁锭，截面形状取决于结晶器。半连续铸造的最重要工艺参数是金属液温度、冷却强度和铸造机行程速度，三个参数的合理匹配是保证铸造过程顺利进行和铸锭质量的关键。

铍铜合金熔炼过程中产生的铍及化合物粉尘与烟气对人体健康会造成危害，因此，熔炼时必须具有良好的通风和劳动保护措施。

第二节 铍铜合金的锻造

铍铜合金的锻造可采用自由锻和精密的闭模锻造，普通锻造设备都可以用于铍铜合金的锻造。铍铜合金的锻造不需要特殊的模具材料，与铍铜锻造温度相适应的普通材料都可以作为锻造模具。锻造过程中工模具热传导较快，预热工模具可减少锻造工件的冷却速度。铍铜合金的理想锻造比约为3～5，有时可以更高，但不应超过铍铜合金高温时的塑性限制。

第三节 铍铜合金的压力加工

铍铜合金的压力加工主要是轧制与挤压/拉拔两大工艺，

产品也分为轧制板带材、挤压/拉拔管棒材及线丝材。

一、铍铜合金板带材生产

生产铍铜合金板带材所用坯锭主要为半连铸锭。首先热轧开坯，一般采用箱式电阻炉或燃油炉将铸锭加热后送到热轧机上开坯。铍铜合金高温下具有良好的塑性和较低的变形抗力，热轧的生产效率较高，较大的热轧加工量也能够使铸锭内部的气孔充分弥合。通常铍铜合金的热轧总加工率控制在90%以上。

铍铜的热轧采用2辊或4辊轧机进行，热轧前的锭坯加热温度、加热时间和加热炉气氛的控制十分重要。热轧过程中通常还需要考虑终轧温度，终轧温度是控制合金组织性能的重要条件，终轧温度过高会造成材料晶粒粗大，在冷轧时产生橘皮和麻点；终轧温度过低，会因加工硬化而增加能量消耗，甚至材料不完全再结晶而导致晶粒大小不一、性能不均。热轧后需要在600℃左右的温度下进行退火处理，消除加工硬化。

冷轧是在铍铜合金再结晶温度以下的轧制过程，是获得并保证产品品质的关键。由于铍铜合金的冷加工极易产生加工硬化，而且随着变形程度的增加，材料的强度和变形抗力不断增加，而塑性急剧下降，因此铍铜合金的冷加工率通常不超过37%，再大的加工率容易造成材料组织不均，甚至脆裂。

在铍铜板带材的实际生产中，中间需穿插多次的退火或淬火热处理，以消除在轧制过程中产生的硬化，并使铍充分溶解，为时效硬化做准备，这是保证材料最终的组织与性能的又一关键。热处理后需要进行酸洗，以去除表面氧化层，利于再加工，更重要的是确保带材的表面质量。

根据最终产品的性能要求，铍铜合金板带材可依据加工率的不同，按标准分为硬态、半硬态、1/4 硬态以及软态四种。这四种不同状态产品在性能和用途上也有着较大的差别。硬态用于要求材料具有高强度的产品，软态用在需要对材料进行深冲或零件形状复杂的产品，半硬态、1/4 硬态性能介于两者之间，用户可以根据自身产品的需要进行选购。

铍铜合金带材的生产技术水平代表着铍铜合金技术发展水平。目前，国外进口的带材宽度通常为 400 ~ 600mm，单卷质量一般在 200 ~ 1000kg，产品表面光洁、尺寸精度高，且性能均一、质量稳定可靠。中国大多数厂家铍铜合金板带材的宽度通常为 200mm，单卷质量一般在 50kg 以内，板带材质量上也与国外有较大差距。中色（宁夏）东方集团公司 2012 年建成并投产的铍铜板带材生产线，板带宽度达到 450mm，单卷质量达到了 300 ~ 1000kg，板带材质量与国际先进水平相当。

二、铍铜合金管棒材生产

（一）铍铜合金管棒材的挤压

铍铜合金管坯的制备常采用空心铸锭挤压的方法，再经冷轧或冷拉后即可生产出管材；棒材的制造常采用挤压或锻造方法，然后通过机械加工或多次冷拉等即可生产出棒材。

由于铍铜合金低温变形抗力高，因此必须进行热挤压。一般在最高温度下，以最高的速度完成挤压，但是由于高强度铍铜合金热加工温度范围窄，挤压过程中变形热必须予以考虑，以防止由于温升过高引起的过热或过烧。除了挤压温度之外，模具材料、模具设计、挤压速度、摩擦和挤压比对生产合格的挤压制品具有重要的影响。挤压比和挤压速度取决于模具设计和控制挤压过程中温升效应，铍铜合金挤压比可达25以上。对于高传导铍铜合金，由于其变形抗力小、热加工温度范围宽，挤压比可以达到更高。原则上对于挤压铍铜合金成品来讲，为了保证挤压制品的组织性能，挤压比不能小于4。对于高强度铍铜合金采用半角30°~45°模具效果良好。易切削含铅铍铜合金更难挤压，需要采取特殊的工艺。

润滑剂的选择对于减少挤压不均匀变形、模具磨损、降低挤压力、保证挤压制品表面质量有着至关重要的影响。铍铜合金挤压通常选用石墨基润滑剂，一般不用玻璃润滑剂。

为了省去挤压后的单独固溶淬火工序，产品可以在挤压后直接进行淬火，但铍铜合金淬火冷却速度高，通常不采用喷水淬火处理方法。

（二）铍铜合金管材的冷轧

将热挤压的铍铜合金管坯通过冷轧变形制得所需规格的管材称为冷轧，冷轧工艺生产的管材称为冷轧管。冷轧是铍铜合金管材生产的主要方法。

常规的两辊冷轧管机和多辊冷轧管机均适用于铍铜合金管材的轧制。根据冷轧管机的设备能力，应对管坯施以尽可能大的加工变形量，保证变形的均匀性，以利于内部组织的改善，但铍铜合金强度高、变形抗力大、加工硬化快，管材冷轧过程中加工变形量过大，往往会造成产品的表面裂纹。加工率的大小必须参照铍铜合金力学性能与加工率变化的关系进行选择，以保证产品的力学性能符合标准要求。适宜的加工变形量通常控制在65%以内。

（三）铍铜合金管棒材的拉拔

拉拔是管、棒材最常用的加工方法之一，是将经挤压或锻造供给的坯料经过多次冷拉成管材或棒材。拉拔模具主要是拉伸模和芯头，材质一般选用硬质合金。铜合金普遍采用的拉拔模具同样适用于铍铜合金管、棒材的拉拔。同样，为保证产品的性能，必须参照铍铜力学性能与加工率变化的关系选择加工率。

铍铜合金棒材拉拔主要是减径拉拔，特殊情况下可以采用扩径拉拔增大管坯直径。管材拉拔主要采用短芯头拉拔，较少采用游动芯头拉拔，大直径薄壁管材可采用长芯杆拉拔。

三、铍铜合金线材的生产

铍铜合金线材生产需多次拉拔完成。模具一般采用硬质合金和金刚石模具，从成本上考虑，直径较小的丝材产品采用金刚石模具比较经济。

为了提高生产效率，可以用对焊机将线坯进行挤压对焊加长。焊接线坯由于焊缝强度低，第一道次加工变形量要低，一般控制在10%左右。正常的拉伸过程根据设备能力和材料的塑性，尽可能采用较大的加工率，缩短生产周期。铍铜合金线材总加工率可达到60%以上，丝材可达到70%以上。线材拉拔时一般采用植物油或液体石蜡作为润滑剂。

第四节 铍铜合金的热处理

铍铜合金是一种沉淀硬化型合金，其热处理过程为固溶时效处理。

铍铜合金的固溶温度太低，会导致再结晶不充分，也会造成铍溶解量不足，从而难以获得满意的时效硬化效果。固溶温度太高，会引起晶粒过度长大或发生早期熔化。高强度铍铜合金（QBe2、C17200）的固溶温度为760～800℃；高传导合金（QBe0.6-2.5、QBe0.4-1.8）的固溶温度为900～955℃。为获得满意的固溶效果，保温时间是十分重要的。一般来说，对铍铜合金薄带材或丝材，保温时间可少于2min；对大截面材料（或产品）通常保温30min。高强度铍铜合金，时效一般260～400℃下保温0.1～4h；高传导铍铜合金，时效一般425～565℃下保温0.5～8h。

当铍铜合金处于固溶处理状态时，由于有大量的铍溶于铜基体中，其电导率是最低的。在时效硬化期间，电导率随着铍的沉淀析出而增加。未时效的高导电铍铜合金电导率为

20% ~30% IACS，时效后电导率则上升到 45% ~60% IACS；未时效的高强度铍铜合金的电导率为 15% ~19% IACS，时效后电导率则增至 22% ~28% IACS。加工硬化的高强度铍铜合金在轻度欠时效处理与适度过时效处理后的电导率为 17% ~20% IACS。

在时效过程中，应严格控制温度与时间，以免发生欠时效与过时效。一旦发生过时效就难以补救，除非进行重复固溶处理；欠时效还可通过补充时效来获得所需的力学性能。当然，也可通过欠时效、过时效与冷加工量的优化搭配来获得所需的力学性能，例如当强度要求较低时，为了提高材料韧性可通过降低冷加工量与欠时效（降低温度、延长时间，或提高温度、缩短时间）或过时效（提高温度或延长时间）来获得所要求的性能。

第五节 铍铜合金的表面处理

一、酸洗

铍铜合金热轧和热处理过程中，板坯或带坯的表面会发生氧化，为了清除表面的氧化皮通常需要进行酸洗处理。酸洗程序为：热酸→冷水→硝酸→钝化处理→烘干。对酸洗的要求是：采用合理浓度的硫酸和硝酸，酸洗时间要短，以洗干净为原则，酸液的利用效率要高。另外，还要考虑防污染措施、作业人员的安全防护以及废液的回收利用等。

二、表面清刷机清刷和手工修理

进行表面清刷和手工修理的目的是清除铍铜合金轧件表面酸洗后残存的氧化和酸迹，以提高表面品质。常用的表面刷洗机有：单辊刷洗机和多辊刷洗机。

轧件表面的局部氧化、变色、水迹和斑点，可用钢丝刷或砂纸轻擦去除；表面上的麻坑、裂纹、起皮、压坑等缺陷，用刮刀修理。

为了防止产品表面氧化变色，一般需要采用抑制剂-钝化剂进行表面处理。铬酸盐可以作为有效的防氧化处理剂，但6价的铬酸有毒，会污染环境。现在一般采用苯丙三氮唑（BTA）作为钝化剂，它能在铍铜合金表面形成一层保护膜（即CuBTA膜），膜的厚度和形态因BTA处理液的温度与pH值而不同，但BTA钝化处理需要有清净环境，在腐蚀环境下效果不理想。

三、抛光

表面抛光是采用尼龙辊或亚麻辊的辊式抛光机，结构与双辊刷洗机相似。抛光时喷注抛光剂及粒度为3.5～5μm的滑石粉，抛光剂是水和Cr_2O_3的混合物，水和Cr_2O_3的比例为11∶1。

第六篇

铍铝合金的生产

金属铍有许多优良的性能，但它质脆不易加工，难以制成复杂的结构件。为了弥补铍的这一缺陷，早在20世纪60年代美国国家航空航天局（NASA）就致力于开发塑性铍基材料，这是开发铍铝合金的原因。铍铝合金的主要制备方法是粉末热等静压和精密铸造。

由于在很宽的温度范围内铍和铝元素相互固溶的能力极低，也没有金属化合物生成,因此铍铝合金的微结构是半脆性的铍相强化韧性的铝基体,实质上是纯铍和纯铝的金属基复合材料,反之如果把铍作为基体,则铝相能够有效地韧化刚性的铍基体。

铍铝合金主要制备方法有粉末热等静压和精密铸造。粉末冶金方法制造的铍铝合金性能比精密铸造的要好，但精密铸造方法生产铍铝合金工艺简单，成本低，并且能生产粉末冶金方法无法生产的复杂结构件。铸造的和冷等静压成型的铍铝合金坯料经挤压/轧制后坯料密度和产品性能进一步提高，近几年铍铝合金的挤压/轧制生产技术已经成熟。

第一章　铍铝合金的粉末冶金生产工艺

粉末冶金方法制备铍铝合金所用的粉末原料有两种：一

种是将纯铍和纯铝粉直接混合作为等静压压制的原料；另一种是将铍和铝预合金化制成锭后，再制成预合铍铝粉作为压制原料。预合金粉能有效地避免压制过程中产生的铍、铝两相偏析。目前美国普遍采用惰性气体雾化法制取预合金粉。

粉末冶金方法制备铍铝合金一般采用热等静压工艺成型，粉末经冷等静压成型后，压坯密度约为理论密度的75%～80%。同铍一样，在热等静压前的抽气工艺十分重要，需要将压坯中的气体尽可能去除，热等静压温度在600～800℃。

经冷等静压成型后的铍铝合金坯料还可以挤压，进一步提高坯料密度和产品性能。挤压时应包覆钢套或铜套，挤压温度通常为370～510℃。挤压成的棒材可直接加工成部件，或经切割后轧制成板材。

第二章 铍铝合金的精密铸造生产工艺

铍铝合金固有的特性使之难以铸造。铍和铝之间非常有限的溶解度使得这两种材料在凝固过程中相互分离，且铍和铝的熔点相差很大，铍为1289℃，铝为661℃。因此，铍铝合金有着宽的凝固温度范围，约从550℃开始，这就引起了金属补缩的问题，也造成最终产品中的收缩缺陷和孔隙以及组织的宏观和微观偏析。另外，铍的熔点较高，熔化需要非常高的温度，这也意味着铍铝合金具有和大多数坩埚及模具材料发生反应的倾向。因此，浇注系统的设计、模具材料的选择和模具的制作是精密铸造铍铝合金的技术关键。为了提高合金的可铸性、流动性以及合金的强度，就必须加入一些其他合金元素，如 Ni、Ag、Si、Co 等。

常用的铍铝合金铸造设备是中频感应炉，将铍珠和高纯铝屑按合金比例进行配比，放入中频感应炉内约在 1400℃ 熔化，然后进行炉内真空浇注，得到铍铝合金锭。浇注前模具需要预热，温度一般为 700～900℃，常用的模具材料是氧化铝陶瓷。

Materion 公司的 AlBeCast® IC910 合金铸件可以用和标准铝铸件相同的方法进行制造、加工和涂敷，从而减少最终部件的成本。AlBeCast® IC910 铸件也可与快速复制（RP）技术连用。用这种技术生产铸件要远快于用手工模具生产和验证设计的方法，制造和组装工序都无需昂贵的硬质模具。通过立体印刷（SLA）这种常用方法，大量的快速复制技术被用于制造 AlBeCast® IC910 铸件。立体印刷术使用一种计算机控制的紫外激光对液态树脂进行选择性聚合化以生产从简单到复杂的铸件，它们可以与使用硬质模具制造的铸件相比拟。

第七篇

氧化铍陶瓷的生产

氧化铍陶瓷属于特种陶瓷或精细陶瓷之列。氧化铍陶瓷和氧化铝陶瓷在制造工艺上十分相似，在制得氧化铍陶瓷料之后，都可以采用热压铸、干压、挤压、轧制和等静压等成型工艺，烧结工艺和机械加工工艺也比较相似，但二者的金属化和封接工艺差距较大。

第一章　氧化铍陶瓷料的制备

氧化铍陶瓷料是指主体成分 BeO 加上烧结助剂（常用的有 Al_2O_3、MgO、CaO 和 SiO_2 等）的配合料，但不包含黏结剂、增塑剂和表面活化剂。

工业生产的氧化铍粉体的原晶粒度是比较小的（小于 1μm），为了适应多种成型方法和避免过大的烧结形变，对氧化铍粉体进行预烧（或者加入助烧剂一起预烧），预烧温度为 1400 ~ 1500℃。预烧后，氧化铍粉体变成烧结块，再研磨粉碎。研磨粉碎的方法多采用球磨法，球磨机的球磨衬里和球介质随着氧化铍陶瓷纯度的提高，已经较少使用钢球和钢衬里或刚玉瓷器和 Al_2O_3 陶瓷衬里，多使用氧化铍陶瓷球和氧化铍陶瓷衬里。

不同的成型方法和烧成工艺，所需预烧后烧结体研磨粉碎的粒度不同，热压铸和挤制成型的可以粗些，平均粒径约为3μm，而等静压、轧膜成型的可以细些，平均粒径可以为2μm。在氧化铍陶瓷成型和烧结过程中，瓷料的平均粒度和粒度分布十分重要，粒度分布越合理，堆积密度越大，越有利于成型过程中坯体密度的提高。

目前陶瓷料中的添加剂含量很小，若以固体形式引入，不容易均匀化，因此，尽可能以溶液的形式加入，例如 Al_2O_3 以 $Al(NO_3)_3 \cdot 9H_2O$ 水溶液的形式，MgO 以 $Mg(NO_3)_2 \cdot 6H_2O$ 水溶液的形式加入。不同的添加剂对氧化铍陶瓷的性能影响并不一致，如 Al_2O_3 对氧化铍陶瓷的热导率影响较小，也有利于改善氧化铍陶瓷的脆性，SiO_2 则可大幅降低热导率。目前氧化铍陶瓷料配方设计特别是高纯氧化铍陶瓷较少采用二元系统，一般均采用三元或四元系统，例如 $BeO\text{-}Al_2O_3\text{-}MgO$，$BeO\text{-}Al_2O_3\text{-}SiO_2$，$BeO\text{-}MgO\text{-}SiO_2$，$BeO\text{-}Al_2O_3\text{-}CaO$，$BeO\text{-}Al_2O_3\text{-}MgO\text{-}CaO$ 以及引入稀土氧化物等。

氧化铍陶瓷料在高温烧成时，由于各种氧化物的蒸发速率是不一样的，因此最终烧成的氧化铍陶瓷化学成分与陶瓷料配方并不完全一致。

第二章 氧化铍陶瓷的成型

成型工序是将陶瓷粉末制成具有一定尺寸和形状要求的

半成品，氧化铍特种陶瓷常用的成型方法有热压铸、干压、挤压、轧膜和等静压。

第一节 热压铸成型

将平均粒径约 3μm 的氧化铍陶瓷料和有机黏结剂（石蜡、油酸、蜂蜡）在 60～90℃ 下加热搅拌，形成稳定的悬浮体——热塑性浆料，浆料经真空出气后被注入到金属型模中。热压铸的模具材料一般为低碳钢，型模的温度一般在 20～30℃，形状简单和厚壁坯体压铸时，模温可低些，形状复杂和薄壁坯体压铸时，模温可高些。生产中常用的成型压力为 3.03×10^5～5.05×10^5Pa，用黏度大的浆料成型薄而大的坯体时，压力大些。当浆料充满型腔后，通过型模散热，液态浆料固化，形成所需要形状的坯件。

热压铸法制备氧化铍陶瓷最重要的是浆料。浆料的黏度、铸造性能、颗粒松装密度以及均匀性决定着坯件和最终烧结制品的性能，因此黏结剂的种类和数量、氧化铍粉末的质量及两者的混合方法是关键。

第二节 干压成型

干压成型是制备氧化铍陶瓷常用的一种成型方法，常用于薄板和片状坯件的制备。干压是通过单向或双向加压的方式将氧化铍颗粒压实，靠颗粒之间的摩擦力使粉体间紧密结合形成坯件。

干压成型的压力影响着氧化铍烧成后瓷件的体积密度和收缩率，干压成型压力过大，瓷件易开裂、分层和脱模困难；成型压力过小，瓷件收缩大、密度小和易变形。因此，成型压力不能太大和太小，生产上一般采用的成型压力为150～200MPa。

干压成型前需要进行造粒，造粒的方法主要有机械加压法和喷雾干燥法。机械加压法是将混合好黏结剂的陶瓷料预压成块，然后再粉碎过筛。机械加压法劳动强度大，产量低不适于大规模工业生产。喷雾干燥法是将混合好黏结剂的陶瓷粉先制成浆料，用喷雾器喷入造粒塔中进行雾化，雾滴与热空气相遇而干燥成粒，然后经旋风器吸入料斗中待用，喷雾干燥法制成的团粒流动性好，大小均匀可控，且适于大规模工业生产。

如果氧化铍粉体的颗粒过细，在造粒前还需要对混合好黏结剂的原料进行煅烧，煅烧的温度一般为1400℃，时间2h。

第三节 挤压成型

挤压成型是将可塑性强的坯料强力通过一定形状的挤嘴，从而得到所要求的形状，挤压成型一般适用于制备杆件和管件。由于挤压料必须具有良好的塑性，因此除了在陶瓷料中加入一定量的溶剂、黏合剂以外，还要加入一定量的增塑剂。

为了使挤压料具有良好的塑性和黏性，并使坯体体积密度高度均匀，挤制前应尽量排除气孔，挤压料必须陈化和经真空练泥机反复操作成料团。

第四节　轧 膜 成 型

轧膜成型是可塑成型的一种，是在氧化铍陶瓷料中加入少量的黏结剂、增塑剂和溶剂之后，像轧制金属一样通过几次粗轧，最后精轧成所要求尺寸的板状坯件。轧膜成型的粗轧过程相当于练料，为了保证坯件的尺寸均匀度，轧制的速度不宜过快。

第五节　等静压成型

等静压是将造粒瓷料加入到模具中，模具材质一般为具有一定弹性的塑料或橡胶，在等静压机中对模具施以各向均匀的数十至数百兆帕的压力，使模具中造粒瓷料压实成型。等静压成型的方法有冷等静压和热等静压两种，冷等静压又分湿式和干式两种。中国采用的冷等静压方式多为湿式。

与干压成型一样，等静压成型前也进行造粒，不同的是热等静压一般仅采用喷雾造粒的粉末颗粒。

第三章　氧化铍陶瓷的烧结

烧结是氧化铍陶瓷制造中的一个关键工序，它是由强度很低的坯体变成坚固且具有良好性能的瓷化过程。以烧结温度为熔点 80% 的近似公式计算，单一的氧化铍烧结温度为 2000℃（氧化铍熔点为 2570℃）。因此，一般氧化铍的烧结应添加烧结助剂，常用的 BeO 烧成温度为 1600 ~ 1800℃。

一般而言，随着氧化铍粉体粒度的减少和烧结温度的提高，氧化铍陶瓷的收缩率会增大，气孔率减少，体积密度提高。因此，对于高纯氧化铍陶瓷烧结而言，适当选择较细的氧化铍陶瓷料制作坯体，可以防止烧成温度过高。另外，添加剂的性质和数量对氧化铍陶瓷的烧成温度有较大影响，常用的 BeO-Al_2O_3-MgO 三元体系（BeO 27%，MgO 44%，Al_2O_3 29%），共熔点低，为 1640℃，但 BeO 含量低，达不到现代科技发展对氧化铍陶瓷高纯、高性能的要求。目前加入少量的(0.1%(摩尔分数)) B_2O_3、Sc_2O_3、Cr_2O_3、CaO、TiO_2、ZrO_2、Nb_2O_3、MoO_3 和 SrO 均可以有效地提高 BeO 烧结的致密度，其中 SrO 作用十分明显，但 SrO 也明显促进 BeO 陶瓷晶粒的长大，CaO 也是效果较好的助烧剂。

除了普通无压烧结外，热压烧结和热等静压烧结也是常用的烧结工艺，并能大幅度提高氧化铍陶瓷的性能。氧化铍陶瓷的烧结，应选择真空或干氢气氛。真空气氛下烧结，有利于气孔的排除；干氢气氛烧结能活化晶格，明显地促进烧结，提高氧化铍陶瓷的性能。烧结过程中坯体的升降温速度、烧结温度和保温时间均影响着烧成氧化铍陶瓷的质量，尤其是烧结后期应放慢升温速度，使气孔能从晶界中排出，而不至于因晶界迁移速率过快而将气孔包裹在晶粒里面。

第四章 氧化铍陶瓷的金属化与封接

陶瓷金属化是在陶瓷表面牢固地黏附一层金属薄膜，使之实现陶瓷和金属间的连接。氧化铍陶瓷金属化的方法主要有烧结金属粉末法金属化和气相沉积金属化。氧化铍陶瓷的连接技术较多，常用的是活性金属钎焊法。

第一节 烧结金属粉末法金属化

烧结金属粉末法是现代陶瓷金属化的基础，其原理是在还原性的气氛中使用高温在氧化铍陶瓷件上烧结一层金属粉，使陶瓷表面带有金属性质。金属化配方的选择是决定陶瓷金属化成败的基础和关键，理想的金属化配方应保证陶瓷表面金属化牢固，能与金属达到高强度气密封接且不影响瓷种本身特性。配方中组分不宜过多，常用的氧化铍陶瓷的金属化配方多基于钼、钨金属。

将确定好的金属化配方原料在陶瓷或聚酯罐中混合（球磨或振动磨），混料均匀后取出，加入一定量的黏结剂和稀释剂搅拌调成膏剂，涂覆在经清洗和处理好的陶瓷瓷件上。

根据涂覆方法、陶瓷件的大小和位置，选择不同的黏结剂和稀释剂，以获得黏度适当的金属化膏剂。目前主要的涂覆方法有手工笔涂、辊涂、喷枪喷涂和丝网印刷等，其中常用的是手工笔涂和丝网印刷。手工笔涂黏结剂一般为硝棉溶液，稀释剂可根据需要选用醋酸丁酯、乙酸丁酯或草酸二乙酯。丝网印刷由于要求的黏度大，一般采用松油醇作黏结剂，乙基纤维素作稀释剂。手工笔涂方法简单，但只适于产量小的情况，并且易造成涂覆层厚度表面不均匀，因此数量大而尺寸一致的产品规模化生产宜用丝网印刷。根据陶瓷件的大小和位置，决定涂覆层的厚度，一般而言未烧结的金属化涂层的厚度为50μm，金属化后层厚约30μm。

涂好膏剂的陶瓷件不易久置，应尽快进行烧结，烧结一般在氢气炉中进行。在金属化烧结时通常采用湿氢气氛，露点10～30℃，金属化温度1450～1550℃，保温时间40～60min。有些金属化配方在湿氢气氛下有形成$Be(OH)_2$的问题，如$Mo\text{-}MnO_2$、$W\text{-}Y_2O_3$需在干氢气氛进行烧结。也有在真空气氛下的金属化烧结，与氢气炉金属化相比，真空气氛金属化性能变化不大，且金属化温度可降低200℃以上，且真空烧结要注意金属化膏剂组分在真空气氛中的挥发问题。

采用烧结粉末法得到的金属化层的方法称为一次金属化，需要在其上镀上一层镍或烧结上一层镍，称为二次金属化，以改善金属化层对焊料的浸润性并阻止焊料对金属化层的渗透。一般电镀镍的时间为40～50min，镀镍层的厚度为3～5μm。烧结上一层镍和烧结金属化膏剂工艺一样。

第二节　气相沉积金属化

氧化铍陶瓷气相沉积金属化的方法很多，包括真空蒸镀、真空离子溅射、真空离子镀以及化学气相沉积、化学离子镀和多种化学反应沉积等。其中真空蒸镀、真空离子溅射、真空离子镀是近十几年来发展并得到广泛应用的新工艺，这类工艺主要使金属以气态形式沉积到氧化铍陶瓷表面而形成牢固的金属化膜，并且膜层很薄，约为 1μm。

一、真空蒸镀金属化

氧化铍陶瓷真空蒸镀金属化常用于蒸镀钛、钼。蒸镀金属化的一般工艺为在炉内真空达到 4×10^{-3} Pa 时，将氧化铍陶瓷件预热至 300 ~ 400℃，保温 10min，然后依次将钛、钼金属加热至高温，使金属在高温下蒸发，然后沉积在氧化铍陶瓷表面形成金属膜。经过蒸钛、蒸钼之后，一般还要在金属层上敷上一层镍，厚度约 2μm。

二、真空离子溅射金属化

氧化铍陶瓷真空离子溅射金属化工艺沉积的第一层金属一般为钼、钨、铌、钒或铬等，作用是真空气密；溅射沉积的第二层金属一般为金、银、钯、铂或铜等，这些金属易被焊料浸润。第二层金属不能溶于第一层金属，可以在第一溅射层上电镀一层镍或铜层再溅射第二层金属来防止两层金属相溶问题。

溅射时先抽真空至 6.7×10^{-4} Pa，然后充氩压力降至 0.133 ~ 0.4Pa，钨阴极被加热，100V 电压加置阳极，使氩气发电，先清洗陶瓷表面，溅射靶加以负高压，使氩离子轰击靶金属，在有挡板时溅射5min，然后移去挡板，使靶金属直接溅射到陶瓷工件上。

三、真空离子镀金属化

离子镀是将陶瓷件放置在阴极，准备涂敷的金属作蒸发源与正极相连，当正负极之间通以1～5kV的高压时，两极间形成辉光放电，正离子轰击工件5～15min后清洁，然后蒸发沉积一层厚度达0.025～0.05μm的钛、铬、铝等金属，再蒸发一层铜、铁、镍等金属。

第三节 氧化铍陶瓷的连接

陶瓷-陶瓷、陶瓷-金属之间的连接技术较多，如活性金属钎焊法、扩散连接、自蔓延高温合成焊接法、过渡液相连接法、热压反应烧结连接法等，但氧化铍陶瓷和金属间的连接常用的是活性金属钎焊法。活性金属钎焊法连接氧化铍陶瓷又可分为两类：一类是先对陶瓷进行金属化，然后再钎焊连接；另一类是直接利用含有活性金属元素的钎焊料进行连接，一般而言前者的焊接强度比后者要好。

氧化铍陶瓷常用的钎焊料中的活性金属是Ti、Zr、Hf，特别是Ti的最外层电子未被填满，活性很高，另外Ti、Zr、Hf与氧化铍的亲和力很大，同时又能与一些金属（如Ag、Cu、Ni等）形成合金或固溶体，可以较好地实现氧化铍陶瓷和金属之间的连接。V、Nb、Ta、Cr、Mo和W也可作为活性金属元素。

采用活性金属钎焊法焊接，关键在于选择好钎料，确定钎料后，钎焊的各工艺参数对接头的强度也都有重要影响。由于活性金属非常活泼，很容易与 N_2、O_2、H_2O、CO_2、CO 等气体发生反应，使活性金属失去活性，因此，钎焊时必须在干氢气氛或惰性气氛，或高真空下进行加热焊接，并且要求气体的纯度很高，真空度高于 7×10^{-3}Pa。

第八篇

铍及含铍材料的技术进步与创新

第一章　国外铍及含铍材料的技术进步与创新

近二十年来国外金属铍及含铍材料在新品级、新材料、新技术和新工艺方面取得了一些新的研究成果，见表8-1。从表8-1中可以看出，金属铍和铍铝合金应用了许多新工艺技术。涉铍新材料的设计和制备也取得了相当的成绩，O-30级铍材、新型铍铝合金、E材料和高导率铍铜合金等一些含铍新材料已经得到市场认可，成功研发尚未规模化生产但具有良好应用前景的含铍新材料有铍铝镁合金、铍钛合金、$BeO-UO_2$/Be-U新型核燃料。这些研究成果大多数在美国，另外一些研究在俄罗斯和日本。

表8-1　国外近二十年来铍及含铍材料的主要研究成果

研究内容			进程
新工艺、新技术	金属铍	铍雾化制粉技术	生产
		铍小球生产技术	研发
		铸锭源产品生产技术	生产
		近净形和快速近净形技术	生产
新工艺、新技术	铍铝合金	预合金制粉技术	生产
		惰性气体雾化制粉技术	生产
		近净形技术	生产
		半固态加工技术	生产
		电子束焊接技术	生产

续表 8-1

<table>
<tr><th colspan="2">研究内容</th><th>进程</th><th colspan="2">研究内容</th><th>进程</th></tr>
<tr><td rowspan="5">新材料</td><td>O-30、UHP-9999 新品级金属铍</td><td>产品</td><td rowspan="5">新材料</td><td>Be-2Ti</td><td>研发</td></tr>
<tr><td>新型铍铝合金</td><td>产品</td><td>高导率铍铜合金</td><td>产品</td></tr>
<tr><td rowspan="2">铍和氧化铍的金属基复合材料</td><td rowspan="2">产品</td><td>铍硅合金</td><td>产品</td></tr>
<tr><td>Be-Al-Mg 三元合金</td><td>研发</td></tr>
<tr><td>$Be_{12}Ti$</td><td>研发</td><td>$BeO-UO_2$ 的新型核燃料</td><td>研发</td></tr>
</table>

第一节　金属铍工艺技术进展

在所有铍材料中，金属铍用量最少但最重要。近二十年来，金属铍的粉末冶金生产工艺从冶炼、制粉到成型技术均发生了质的飞跃。

一、熔融电解法制高纯鳞片铍

目前，从铍化合物中制取纯铍的实用技术有两个，即氟化铍镁热还原法和氯化铍熔盐电解法。氟化铍镁热还原法首先用氟化氢铵将氧化铍转化为氟铍化氨，氟铍化氨热分解获得氟化铍，再用镁将氟化铍还原出金属铍。这种方法生产的金属铍珠由于氟化镁流动性差，导致渣和铍珠难以分离，铍珠的纯度较低。氯化铍熔盐电解法是用镍坩埚作阴极，石墨棒作阳极，将大致等量氯化铍和氯化钠混合熔融，保持在350℃进行电解。熔盐电解法生产的鳞片铍比镁热还原法生产的铍珠成本更低，纯度也较高，前者为99%以上，后者为98%。电解法最早是第二次世界大战期间德国用来生产金属铍，美国和法国也曾使用过，但该工艺在较长时间内一直没有得到工业化推广，目前普遍采用镁热还原法。直到 21 世纪初，美国 Materion 公司才将这种熔融电解法生产的鳞片铍用于生产中。

二、惰性气体雾化法制金属铍粉末

20 世纪 90 年代初，美国空军实验室资助 Materion 公司进行铍惰性气体雾化制粉技术研究。铍雾化制粉技术必须解决铍活性强、液态金属流在喷嘴处凝结以及铍金属粉末和铍蒸气毒性防护等问题，为此，铍雾化制粉工艺的成熟并达到规模化生产经历了艰难的研发历程，到 2000 年，Materion 公司才实现了铍惰性气体雾化制粉技术的生产应用。雾化铍粉成球形、纯度高，解决了以往气流冲击片状铍粉结构造成铍各向异性和纯度低的问题，使得制备高纯各向同性铍材成为可能，另外球形铍粉良好的流动性，提高了粉末的填充性能和装粉密度，使铍异型件和大尺寸铍坯的生产变得更加容易。图 8-1 所示为雾化和冲击法制铍粉的形貌。

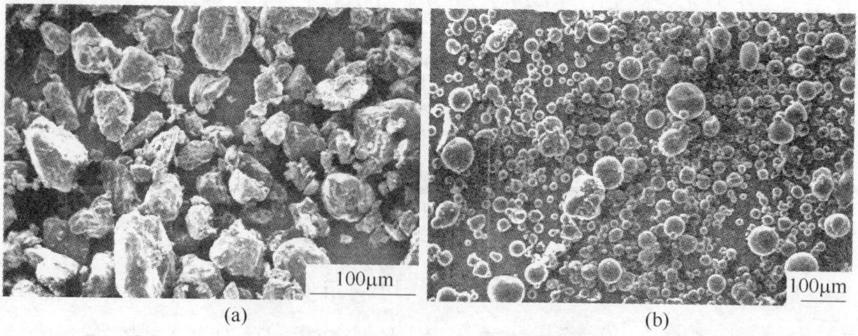

图 8-1　气流冲击铍粉末（a）和雾化球形铍粉末（b）的 SEM 图片

2005年，乌克兰Khar'kov物理科技研究院国家科技中心也成功研制出球形铍粉，使用半连续设备，通过雾化金属法生产不同粒度组成的球形铍和铍合金（Be-Al、Be-Al-Mg），并称工艺已达到商业化水平。

三、金属铍近净形成型技术和快速近净形成型技术

20世纪80年代，美国Materion、Perkin Elmer/Hughes Danbury Optical Systems和OCA Applied Optics公司使用可滤心轴技术，进行了大量的金属铍近净形成型工艺研究。可滤心轴技术就是通过复杂的包套设计直接压制接近产品尺寸的铍坯，并最终能将封于铍坯内部的心轴取出。至20世纪80年代末，金属铍近净形成型技术的主要问题集中在：(1)成本昂贵的包套仅能使用一次；（2）无法预测铍坯尺寸在成型过程的缩减量；（3）降温过程包套与铍热性能不匹配造成铍坯开裂。为了解决这些问题，美国Materion和Matsys公司在DARPA项目的资助下开发了一种类似于“熔模铸造”的快速近净形成型工艺，这种工艺通过注射法生产蜡铸模，蜡铸模使用导电蜡，可将金属电镀到蜡铸模上，然后除蜡就可生产出尺寸精确的包套，用于生产复杂形状的异型件。Matsys公司模拟和预测了成型过程中包套承受的压力，同时Matsys公司还研发了模型和仿真程序来演示粉末固结过程，以及粉末固结对铍件最终形状的影响，模型考虑的因素有温度、压力/变形、加热和加压速率。

目前，美国铍的近净形技术水平很高，在模压—烧结—

热等静压、直接等静压、冷等静压—烧结—热等静压、冷等静压—烧结—热变形等金属铍成型工艺中广泛采用近净形技术，有效降低了铍材料的生产成本。

四、铍小球生产技术

铍小球的主要用途是在未来空间反应堆和ITER包层上。从20世纪90年代开始，美国和日本均开始了铍小球的研制。在铍小球制造工艺方面发展出了气体雾化法、离心雾化法、镁还原法、旋转电极法、喷射法等工艺。其中镁还原法、旋转电极法被广泛报道，也是目前NGK Insulators和Materion两公司在铍小球生产方面选用的工艺。

镁还原法是生产铍原料的一道生产工序，将氟化铍用镁还原得到铍，由于反应在熔融态下进行，生成的铍在表面张力和重力的共同作用下以球状颗粒形式漂浮在液体表面。采用这种方法得到的铍珠粒径一般不小于5mm，但通过筛分可以得到符合固态包层设计要求的2mm以下的铍小球。据德国卡尔斯鲁厄研究中心的M. Dalle Donne报道，此方法制得的铍球表面缺陷较多，在光学显微镜下可以观察到各种大小的气孔，开孔率为0.57%，闭孔率为0.84%。

Materion公司为了ITER试验包层用铍小球的生产，开发了一种可以大批量生产的新工艺。将镁还原法制备得到的铍珠，在真空下熔炼成为液态铍。将铍金属液通过多孔金属板过滤，过滤后的金属液滴从10m的高度上下坠。Materion公司认为这样可以大批量的制备铍小球，但未见有更多报道，这种方法被称之为喷射法。

日本原子能研究所自20世纪90年代以来在旋转电极法方面开展了系统的研究。铍作为电极的一端，另一端是钨电极。两电极靠近时产生电弧将铍电极熔化，铍液滴在离心力作用下被抛飞，在飞行过程中迅速凝固形成铍球，最后被集粉器所收集，装置结构示意图如图8-2所示。据报道，旋转电极法生产出的铍小球几乎都在中央具有一个球形小孔，此缺陷可能是由于凝固时形成。但由于晶粒长大的各向异性，某些小球内的小孔不呈现球形，也有些位置不处于小球中央。

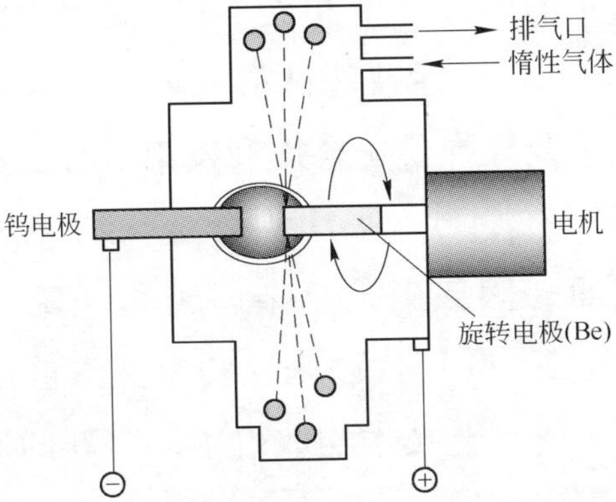

图8-2　旋转电极法装置结构示意图

镁还原法、旋转电极法、气体雾化法等工艺制备出的铍小球直径大小不一。镁还原法制备得到的直径较大，一般在2mm左右，旋转电极法可以用于制备0.3～1.8mm范围的铍球，气体雾化法制备得到的小球直径为0.1～0.2mm。应用最广泛的镁还原法与旋转电极法制得的铍球除了在大小上有明显差异外，在杂质含量上，无论是日本原子能机构还是卡尔斯鲁厄研究中心，镁还原法制得的铍球 Mg、F、Zn 等杂质含量都显著高于旋转电极法。在所有可以制备得到符合 ITER 试验包层要求的铍球的方法中，镁还原法工艺流程最短，成本也相对较低，但球的尺寸较大、产量较低。旋转电极法是一种工艺简单、效率较高的制备方法，而且制备得到的铍小球性能较好，但设备复杂、成本相对较高。

第二节 铍铝合金工艺技术进展

为了改善铍的脆性，20 世纪 60 年代应美国国家航空航天局（NASA）开发塑性铍基材料的要求，核金属公司和洛克希德马丁电子及导弹公司合作开发第一种商业用铍铝合金（Lockalloy，Be-38% Al），采用预合金化粉冷热等静压的工艺制备铍铝合金，因该工艺复杂、成本过高，70 年代后期停止生产。20 世纪 90 年代以来，粉末热等静压和精密铸造法制备铍铝合金的工艺技术均取得了许多新的进展，使铍铝合金成本大幅下降，铍铝合金的生产进入工业化生产阶段。

在此基础上，2004 年，美国 Materion 公司报道称，已将电子束焊接技术和近净形技术成功应用到铍铝合金中，使铍铝合金的生产成本降低了 80%。可能正是基于这种成本上的大幅度降低，2005 年，美国预测具有良好刚度、密度和热学特性的铍铝合金将成为下一代航空航天结构材料。

目前，铍铝合金的挤压/轧制生产技术也已成熟。相比而言，三种制备铍铝合金的方法中，挤压/轧制法制得的铍铝合金性能最好，粉末热等静压法制备的铍铝合金性能优于精密铸造，见表8-2。成本上精密铸造法最低，挤压/轧制法和粉末热等静压法大体相当。

表8-2 不同工艺生产的铍铝合金力学性能

铍铝合金	制造工艺		E/GPa	σ_b/MPa	$\sigma_{0.2}$/MPa	δ/%
Berylcast® 191	精密铸造		202.0	196.5	137.9	1.7
AlBeMet® 162	粉末热等静压		196.5	305.0	226.0	4.7
	挤压	纵向	202.0	452.0	324.0	11.0
		横向	199.0	387.0	315.0	5.1
	轧制		193.0	428.0	314.0	8.7

一、铍铝合金铸造工艺技术进展

在铸造工艺方面，Materion公司用熔模铸造的方法开发几种铍铝合金，可以生产商业成本可行的高精度复杂部件。AlBeCast® IC910含铍62%，可用标准铝铸件相同方法铸造、加工和涂敷，降低了部件成本。AlBeCast® IC910铸件也可与快速复制（RP）技术连用。用这种技术生产铸件要远快于用手工模具生产和验证设计的方法，制造和组装工序都无需昂贵的硬质模具。通过立体印刷（SLA）这种常用方法，大量的RP技术被用于制造AlBeCast® IC910铸件。

Materion公司取得了一项AlBeMet®合金半固态加工技术的专利（早先这种熔点非常高的AlBeMet®合金不能使用常规的压铸工艺），是通过铍粉末与A356、6061和7075Al合金粉末为原料，用特定的挤压速率使金属铍微粒进入金属模具腔内和熔融铝结合生产 BeAl 复合材料（Be 含量为 30% 和 40%）。该专利可用永久模具铸造高精度产品。Materion 公司在几小时内进行了一次大约 2500 个火炮用原型 30mm 炮弹软壳的试生产，证实了新加工方法的可靠性。

二、粉末冶金制备铍铝合金的工艺技术进展

在粉末冶金方面，Materion 公司采用先进的惰性气体雾化方法制取粉末，该方法制出的粉末呈球形，如图 8-3(a)所示。球形粉末流动性好，在后续压制工艺中粉末成型性良好，使铍铝合金的微结构得到了很好的改善，提高了合金的性能。图 8-3(b)所示为 Materion 公司用惰性气体雾化方法制备的 AlBeMet® 162 预合金粉静压压制的铍铝合金金相组织，铍铝合金相界面得到了很大的改善，Al 相尖锐末梢减少。

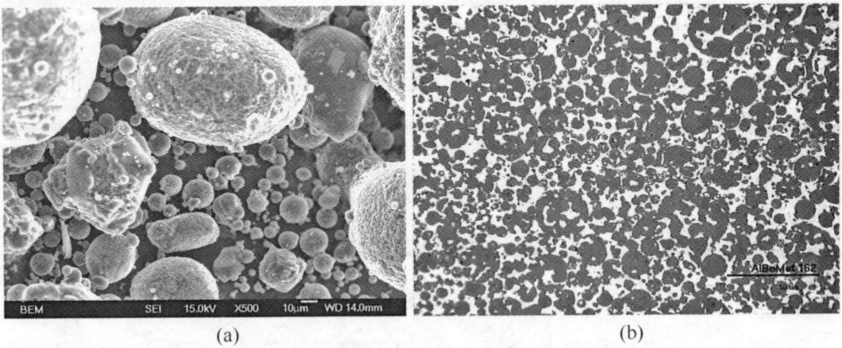

(a) (b)

图 8-3 惰性气体雾化制备的 AM162 预合金粉形貌（a）及用其压制的 AlBeMet® 162 合金的显微组织（b）

第三节　新型铍材料的开发和应用

一、新品级金属铍材

（一）O-30 级金属铍

由于铍雾化制粉技术的成熟，美国 Materion 公司成功研发了 O-30 光学级铍材。O-30 级铍材是目前粉末冶金方法生产的纯度最高、各向同性最好的铍材，其 BeO 含量小于 0.5%。O-30 级铍材的物理、力学、抛光工艺性能，特别是低温性能，优于其他众多的光学材料，如 ULE、Zerodur、SiC 等，成为美国下一代太空望远镜——詹姆斯韦伯太空望远镜主镜的镜体材料。2003～2007 年 19 块六边形对角直径为 1.52m 的镜坯在 Materion 公司全部制造完毕。

（二）超高纯铍材

2011 年 3 月，美国 Materion 公司发布了 UHP-9999 品级的铍材，该品级铍材的纯度达 99.99%，这是迄今为止工业化生产出的最纯的金属铍材，但有关该品级铍材的制造工艺、生产技术以及力学和物理性能的详细信息尚未见报道。

（三）聚变核反应堆用铍材

近二十年来由于 ITER 项目的推动，金属铍在高热、高辐射极端工作环境下的结构与功能稳定性以及核物理特性已被充分研究，材料的纯度也略有提高，核用铍材从 S-65B 升级为 S-65C。包裹聚变反应氘原子和氚原子的铍制密封缸制备是美国国家点火装置（National Ignition Facility，NIF）项目的重点之一。该密封缸是一个中空方形的铍薄壁构件，制作十分困难，且在铍中添加了少量的铜。美国洛斯阿拉莫斯国家实验室（LANL）通过 Trident 激光装置研究了铍在冲击波条件下的熔化和变化过程以及铍本身应力对其不稳定性等的影响。在此基础上，通过一定的工艺技术，改善铍材料的微结构，成功研制了 NIF 用铍制密封缸，这一工艺的核心技术是控制铍晶体的生长。

（四）铍铸锭源产品

金属铍的铸锭源产品是指产品直接由铍铸锭制得，而不需要附加的粉末冶金工艺。铍熔化潜热高、热扩散能力低，在凝固过程中的热量散失成为主要问题，铍浇注时热量散失困难，很容易形成粗大的柱状晶体。热量不能迅速散失也使冷却过程中产生高的应力，增加了热裂的可能性。另外，在900℃以上时，铍晶粒增大特别迅速，在这一温度范围内如冷却稍慢会消除初始凝固组织中所有细化晶粒的效果。铍的凝固对冷却过程中的热状态十分敏感，对于比较纯的铍来说，在浇注时难以得到过冷状态。加晶粒细化剂是有效得到细晶粒铍的方式，在这方面也取得了一定的成绩，但没有能够实际生产应用；铍的同素异形转变温度约为1250℃，仅低于熔点39℃，这也给细化晶粒的尝试带来了不确定因素。

因此，在20世纪70年代末，由于铍的铸造技术一直没有解决晶粒粗大问题，也无法解决具有粗大柱状晶组织的铍铸锭在压力加工过程的开裂问题，铍工作者提出铍的铸造只有作为提纯手段时才有用。铍板箔材的生产原料一直是粉末冶金法生产的热压铍锭，但21世纪初美国Materion公司发布了真空熔炼电解精炼鳞片铍和铍珠生产的铍铸锭，用来生产铍板箔材产品，前者生产的板箔材牌号为IF-1™，后者生产的板箔材牌号为IS-50M™，这表明美国解决了以往铍铸锭源产品生产过程中遭遇到的所有技术难题。

二、新型铍铝合金

20世纪90年代，为了适应航空航天工业对铍铝合金不断增长的需求，美国Starmet和Materion公司都开发了新型铍铝合金。Starmet公司开发了Berylcast®族铍铝合金，Materion公司则开发了AlBeMet®和AlBeCast®系列合金，共计9种。表8-3列出了新型铍铝合金的成分、工艺和用途。

表8-3 美国铍铝合金的成分、工艺和用途

产品名称	成 分	工 艺	应 用
AlBeMet® 162	Be-38% Al	预合金雾化制粉+冷热等静压； 预合金雾化制粉+冷等静压+挤压/轧制； 预合金雾化制粉+挤压/轧制	航空航天电子设备；光学镜体即支撑件；飞船、卫星、导弹的结构件部件
AlBeMet® 140	Be-60% Al	预合金雾化制粉+冷等静压+挤压/轧制	与AlBeMet® 162相同，但对刚度要求更低，成本更低，且不能用于光学领域

续表 8-3

<table>
<tr><th>产品名称</th><th>成 分</th><th>工 艺</th><th>应 用</th></tr>
<tr><td>AlBecast® IC910</td><td>以 Be-38% Al 为基准，添加 Ni</td><td>精密铸造</td><td rowspan="3">精密铸件，用于高强结构，如直升机部件、光学系统、卫星导航部件、计算机硬盘驱动器、体育器械</td></tr>
<tr><td>AlBecast® IC920</td><td rowspan="4">以 Be-38% Al 为基准，添加 Ag、Co、Ge</td><td>精密铸造</td></tr>
<tr><td>Berylcast® 363</td><td>精密铸造</td></tr>
<tr><td>Berylcast® 363L</td><td>精密铸造</td><td>精密铸件成本低于 Beralcast® 363</td></tr>
<tr><td>Berylcast® 363HD</td><td>精密铸造</td><td>精密铸件成本低于 Beralcast® 363L</td></tr>
<tr><td>Berylcast® 191</td><td>以 Be-38% Al 为基准，添加 Ag、Si</td><td>精密铸造</td><td>主要用于热、电控制</td></tr>
<tr><td>Berylcast® 310</td><td>同 Berylcast® 191</td><td>精密铸造 + 挤压/轧制（Berylcast191® 变形态）</td><td>主要用于加工材，例如高强管材、棒材以及热应用</td></tr>
</table>

三、金属铍和氧化铍的金属基复合材料（E 材料）

E 材料是一种金属铍和氧化铍的金属基复合材料，是 Materion 公司 20 世纪 90 年代开发的新材料。目前，世界上只有 Materion 公司具备制造这种材料的能力，分为 E20、E40、E60 三种，具体性能见表 8-4。E 材料首先通过冲击制粉，然后罐装、脱气、热等静压成 38.1cm × 50.8cm × 53.34cm 的标准坯块，然后切割成指定大小，研磨和加工成最终尺寸。E 材料的微观结构上类似于共晶组织，主要由金属铍和氧化铍晶体颗粒组成。E 材料具有高的导热性和热容以及宽温度范围的尺寸稳定性。通过改变铍和氧化铍的比例，能够改变材料热学、物理和力学性能，使其既具有高热导率，又具有不同的特定线膨胀系数。E材料的主要应用集中在电子器件上，突出的优点是提高了电子元件的寿命与焊接点的寿命，主要用于要求苛刻的航天航空和军工电子领域。

表8-4 E材料的性能

性能指标	E20	E40	E60
BeO含量/%	25.8~32.25	49.5~54.8	69.4~73.2
杨氏模量/GPa	289	303	317
抗拉强度/MPa	401	291	273
伸长率/%	0.31	0.11	0.05
泊松比	0.23	0.23	0.17
密度/$g \cdot cm^{-3}$	2.045	2.277	2.513
电导率/%IACS	23~25	13~15	7~8
热导率/$W \cdot (m \cdot K)^{-1}$	210	220	230
线膨胀系数(20℃)/K^{-1}	8.7×10^{-6}	7.5×10^{-6}	6.1×10^{-6}
比热容(20℃)/$J \cdot (kg \cdot K)^{-1}$	1.584	1.407	1.26
熔点/℃	1289	1289	1289

四、铍钛（钒）合金

铍除了具有所有金属中最小的热中子吸收截面使中子有效返回堆芯，加速核反应外，主要是因为铍对氧的亲和力和吸气作用提高了等离子体的纯度，且铍原子序数小对等离子体污染小而成为ITER包层最佳候选材料。但作为中子倍增剂铍也具有一些缺点，主要是铍的氦脆性，另外，铍的熔点相对较低、高温下具有高活性、与试验包层选用的不锈钢有一定反应。因此，无法满足更为苛刻的工作条件，如 DEMO 聚变反应堆的要求。

为了解决这些缺点，铍的一些具有较高熔点的金属间化合物引起了工程师们的注意，包括 Ti、V、Zr、Nb、Ta、Mo、W、Y 等元素与铍的各种晶体结构的金属间化合物被大量研究。考虑到铍含量不能过低而使氚增值率明显下降、添加元素不能具备较大的相对原子质量，各元素在辐照下的抗活化性能等因素，最终 Be-Ti 和 Be-V 二元富 Be 金属间化合物被选中。从而，Be-Ti 和 Be-V 二元相图富 Be 区被充分研究，确定了基于这些化合物的成分和微观结构。在这两类材料中，Be-Ti 合金由于熔点较低，相对而言容易制造，是目前的首选材料。在 Be-Ti 体系各种晶体结构的金属间化合物中，$Be_{12}Ti$ 金属间化合物具有更好的抗氧化性，相对于金属铍，$Be_{12}Ti$ 表现出快速氚释放，较小的肿胀，与不锈钢、蒸汽以及水较小的反应。特别是在辐照效应上发现 $Be_{12}Ti$ 具有明显的优势，在同样的辐照条件下，$Be_{12}Ti$ 中没有观察到金属铍因氘残留造成的细长孔洞缺陷，如图 8-4 所示。

$Be_{12}Ti$ 合金表现出快速氚放，较小的肿胀，与不锈钢、水和蒸汽较小的反应，加上也可应用于 EU-HCPB 覆层包层，因此在将来变得非常重要，同时目前看来 $Be_{12}Ti$ 是下一代基于锂陶瓷反应堆最有希望的包壳材料。另外，$Be_{12}Ti$ 小球也是未来空间反应堆的主要用材，日本、美国和德国在这方面

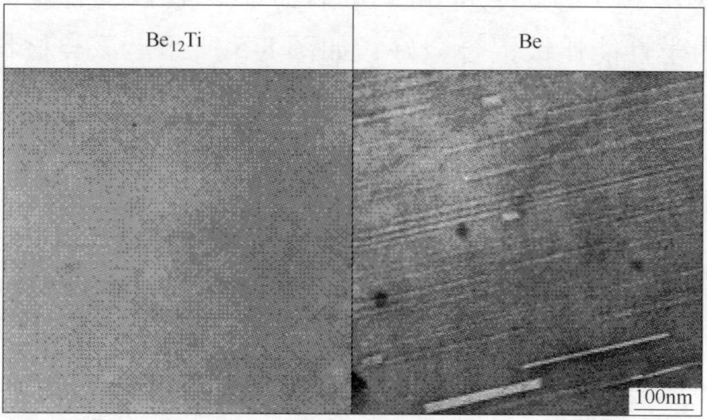

图 8-4 用 8keV D^{2+}、剂量为 $2\times10^{21}D^+/m^2$ 辐照后的 $Be_{12}Ti$ 和 Be 的透射电镜显微图片

已经取得了相当的进展。

五、其他含铍新材料

2005 年，美国洛斯阿拉莫斯（LANL）国家实验室开发出了一种新型铍合金 Be-2Ti。这种 Be-2Ti 新型合金产品具有极细的晶粒尺寸和优异的高温力学性能。

2005 年，美国 Purdue 大学的研究者将氧化铀分布在网状氧化铍上制成 $BeO\text{-}UO_2$ 的新型燃料，这种新型核燃料相对于普通燃料，热导率至少提高了 50%，并且使用时间更长，燃烧效率更高，由此减少了热能浪费。低温下也很安全，且反应堆运行更加灵活，使用此种燃料每年可以节约上百万美元。

近几年，俄罗斯航空航天研究所在铍铝合金的基础上加入了镁元素（约 5%），得到的合金组织较铍铝合金的更细小，力学性能比铍铝合金好，如图 8-5 所示。该类材料已经被应用于 Buran 太空船和一些卫星上。

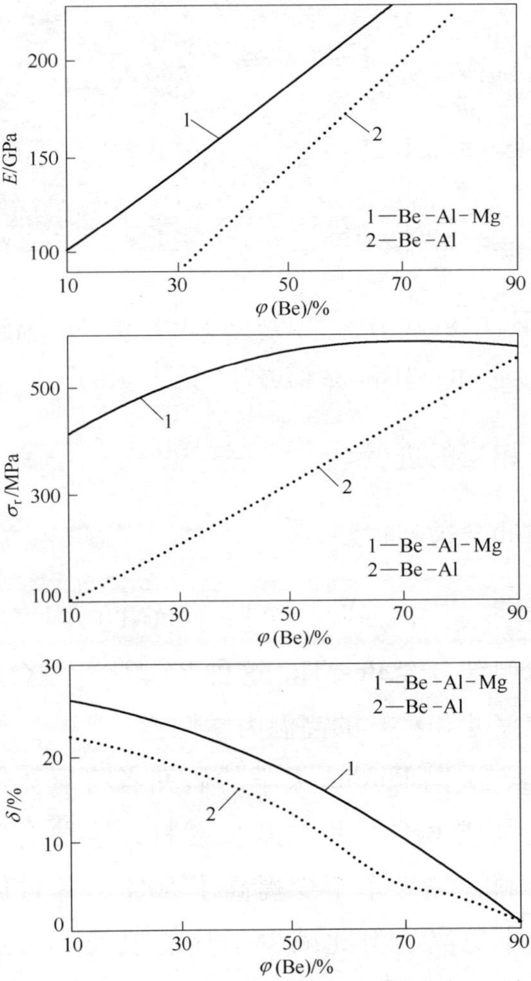

图 8-5 Be-Al-Mg 合金和 Be-Al 合金随着 Be 含量的增加力学性能的变化情况

随着电子工业的飞速发展和高技术产业的不断涌现，单纯的高强度或高导电铍铜合金已不能完全满足市场需要，希望得到高强度和高导电性兼备且价格更为合适的产品，因此从20世纪90年代美国、日本均开发了低铍含量铍铜合金产品。2005年《先进材料和加工》杂志报道，由美国导弹国防署投资研发的铍铜件不需要集电环和电镀刷就能高效地将电流转入或转出旋转电机，并在舰船雷达、印刷业获得了应用。这种铍铜导电轮能够被弹性挤压，具有转化高电流的传导能力。

除了新型铍铜合金的研发以外，在铍铜领域更多的研究集中在降低成本的工艺技术的革新上，如硬化铍铜合金加工材、提高生产自动化程度、大卷重高精度铍铜带材的生产技术以及提高铍铜合金自动化生产能力。

铍镍合金（包括铍镍钛合金）是一种耐高温的超高弹性导电合金，是已知合金中弹性最好的一种，是制作高级弹性元件的最好材料。与铍铜相比，铍镍合金的工作温度可提高250～300℃，可用于性能要求比铍铜更为严格的场合。另外，铍镍合金也是良好的高温耐磨材料。目前仅有日本碍子公司和Materion公司具有生产铍镍合金的能力。

第二章　我国铍及含铍材料的技术进步与创新

西北稀有金属材料研究院是我国唯一的铍材生产和研制

基地，近年来铍材的粉末冶金工艺技术水平得到了进一步提高，不但实现了传统铍材的升级换代，满足了我国武器、军用卫星、核反应堆对铍材性能提出的更高要求，还研制出国际重大科技合作项目国际热核聚变实验反应堆用高纯核用热压铍材和我国重大科学工程北京正负电子对撞机重大改造工程同步加速器束流管用高纯高强铍材。

第一节　铍材粉末冶金工艺技术进步

铍的脆性导致其材料制备通常采用粉末冶金工艺。我国早期铍粉冶金技术进步主要集中在成型工艺，21 世纪以来，不但成型工艺技术水平进一步提高，制粉技术也发生了较大的变化。

20 世纪 90 年代，西北稀有金属材料研究院自主研发了一整套气流冲击制粉生产线，采用冲击制粉工艺生产的金属铍材性能，较原有的圆盘磨粉材料性能得到了较大的改善，但仍存在粉末杂质含量高、粉末粒度分布范围较宽、粒度分布锐度不够和大颗粒铍粉等问题。针对这些问题，进入 21 世纪以来，通过优化现有的气流冲击制粉工艺，实现了铍粉粒度和粒形的较精确的控制。同时专门进行铍粉净化处理研究，革新净化配方并增加水洗工艺，有效去除铍粉中游离态的杂质，粉末纯度提高了 1%，粉末粒度分布锐度和流动性也得到了改善，并且新的铍粉净化处理技术减少了粉末流失，处理后的粉末在空气中不易潮解。另外，开发了铍粉中铁铝比的控制技术，有效消除了铝存在晶界时对金属铍材性能带来的危害。

我国铍固结工艺主要有等静压和热压成型，热等静压工艺的技术水平基本与世界先进水平保持同步，近年来掌握了不同粒度和纯度的铍粉末与热等静压工艺参数的关系。针对不同粒度和纯度的铍粉末采用相应的静压工艺参数，同时创新了静压工艺路线，有效控制材料晶粒度、微合金相含量、大小和分布，产品的性能得到了大幅提升，实现了我国传统铍材的升级换代，近净形程度也得到了提高。掌握了铍粉三维近等比例收缩技术，降低了铍材的各向异性，以及大尺寸粉坯均一性控制技术和除气技术，使静压铍坯的尺寸大幅度提高。

我国热压工艺与世界先进水平存在一定的差距。进入 21 世纪以来，传统铍粉末热压工艺已无法满足热压铍材品质全面提高的要求，特别是无法成型高纯铍粉。西北稀有金属材料研究院近五年来集中力量，对热压工艺进行了大量的研究和试验，从模具、加热方式、成型温度/压力/时间进行了技术创新，有效控制了铍高温热压成型过程中晶粒长大、杂质聚集问题，使热压铍材的品质得到了全面提高，特别是改善了材料各向异性性能，延伸率也较原有热压铍材提高了两倍以上。

第二节　新型铍及铍合金的研制

一、ITER 用高纯热压铍材的研制

由于铍材的优异核性能加上它对氧的亲和力和吸气作用

降低了对等离子体的污染，提高了等离子体的纯度，故被国际热核聚变实验反应堆项目选择作为直接面对等离子体的材料。ITER 预计需要 1684 块、总计 13t 金属铍，这是迄今以来单个项目耗铍最多的。

从 2003 年开始，西北稀有金属材料研究院开展 ITER 第一壁板用铍材料研究。通过制粉、热压成型模具和成型工艺的技术创新，填补国内高纯热压铍材的研发技术空白。使用该技术研制的 ITER 用 CN-G01 级铍材的性能达到美国同类产品 S-65C 材料水平，在个别性能上优于 S-65C 材料(见表 8-5)。

表 8-5　中国 CN-G01 铍材与美国 S-65C 典型力学性能对比

产　品		σ_b/MPa	$\sigma_{0.2}$/MPa	E/MPa	δ/%
中国 CN-G01	横	378.6	262.2	301833	5.76
	纵	353.9	248.2	304600	3.83
美国 S-65C	横	391.8	208.8	289100	6.14
	纵	362.5	212.0	301433	3.30

2010 年 1 月，CN-G01 级铍材通过了 ITER 组织的认证。我国 ITER 用 CN-01 真空热压铍材的研制成功，为祖国争得了荣誉，也打破了美国铍材在国际上的垄断地位。

二、同步加速器束流管用高纯高强铍材的研制

铍的低密度、高强度、最大的热容量和良好的导热性、无磁性以及良好的耐蚀性使铍成为同步加速器束流管/束流窗口最佳选择材料。

我国为继续保持在世界高能物理研究领域中的领先地

位，对第一代北京正负电子对撞机进行改造。束流管是北京正负电子对撞机中的核心部件，所用铍材不但要求强度高，还必须纯度高。除了对材料性能的要求外，由于是薄壁铍管，加上铍的脆性，加工时零件很容易在薄弱处开裂、变形，且很难保证加工精度。经过材料和机加工技术攻关，西北稀有金属材料研究院攻克了第一套超高真空束流管用高纯铍材的热等静压制备技术和薄壁铍管精密加工技术，实现了壁厚0.6mm、长300mm的细长薄壁铍管的生产，如图8-6所示。同步加速器束流管用高纯高强铍材的成功研制为国家重大科学工程北京正负电子对撞机改造奠定了基础，也实现了我国铍材在高能物理学应用领域的突破。

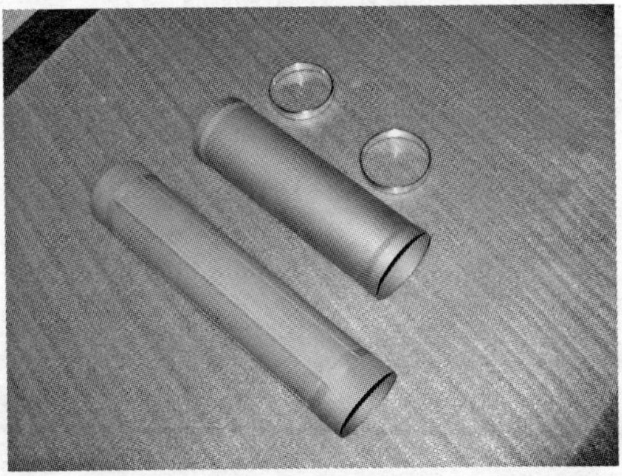

图8-6　西北稀有金属材料研究院为第三代北京谱仪生产的薄壁铍管

三、新型铍铝合金的开发

2004年，西北稀有金属材料研究院着手铍铝合金研发，以洛克合金（Lock alloy）中的 Be-38% Al 为基准，分别进行了精密铸造和粉末冶金工艺技术和材料基础研究工作。

经过几年攻关，西北稀有金属材料研究院获知影响铍铝合金性能的一些关键因素，明确了两种工艺制备铍铝合金的强化方向，同时掌握了精密铸造工艺和粉末冶金工艺制备铍铝合金的核心技术。图 8-7 所示为西北稀有金属材料研究院用两种方法研制的同一种合金成分（Be-38% Al）的铍铝合金金相组织，从中可以看出，由于粉末热等静压研制铍铝合金的微结构取决于原始粉末的形状和尺寸，晶粒尺寸较精密铸造方法研制的铍铝合金细小。因此，同一种合金成分的铍铝合金用铸造工艺生产比粉末冶金工艺生产的性能要低，但精密铸造方法研制的铍铝合金工艺简单，成本较低，并能制备粉末冶金工艺无法制备的结构复杂件。表 8-6 列出了西北稀有金属材料研究院研制的铍铝合金的力学性能。

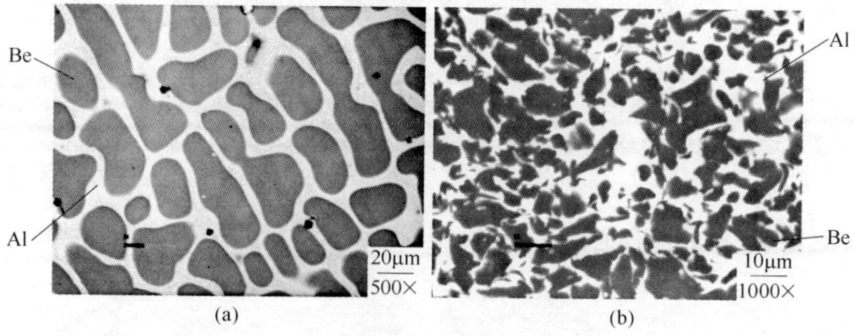

图 8-7　西北稀有金属材料研究院研制的铍铝合金组织

（a）精密铸造；（b）粉末热等静压法

表 8-6　西北稀有金属材料研究院研制的铸造和粉末热等静压铍铝合金力学性能的典型值

工　艺	σ_b/MPa	$\sigma_{0.2}$/MPa	δ/%
精密铸造（Be-4% Ni-34% Al）	211.5	156.6	7.2
粉末冶金（Be-38% Al）	325.8	234.1	5.2

目前西北稀有金属材料研究院的铍铝合金中试线正在建设当中，成为我国唯一具备铍铝合金生产能力的企业，图8-8所示为西北稀有金属材料研究院研制的铍铝合金产品。

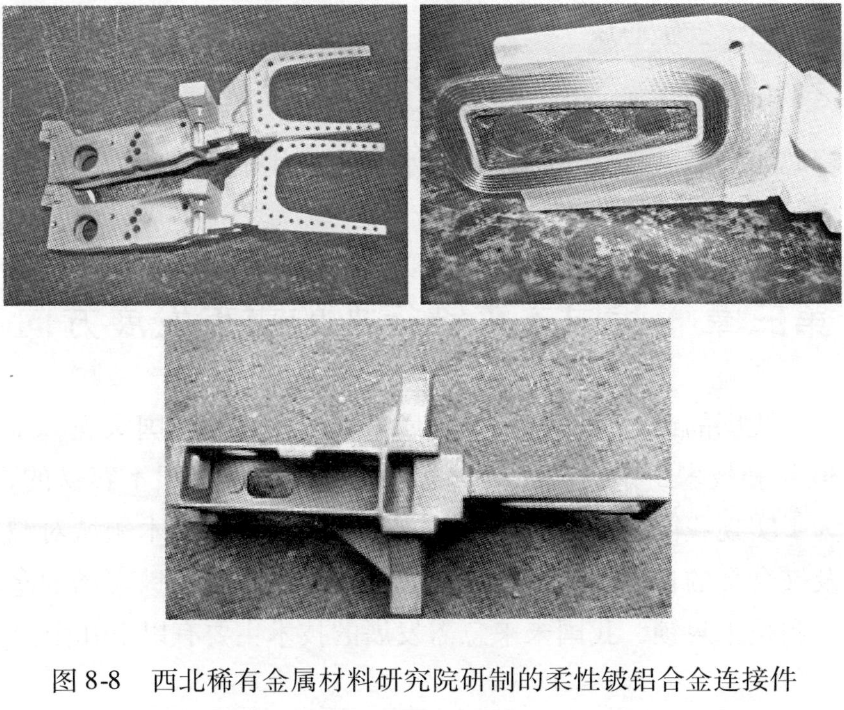

图 8-8　西北稀有金属材料研究院研制的柔性铍铝合金连接件

四、铍铜合金

我国铍铜合金一直存在着较多的质量问题，只能满足国内低端产品的市场需求，铍铜高端产品市场被美国布拉什威尔曼公司和日本 NGK 公司占领。2009 年国家发改委支持中色（宁夏）东方集团有限公司瞄准美、日两强水平建设年产 2000t 高精度铍青铜板带材项目，进行大卷重高精度铍铜生产线的扩建以及再建，改变我国传统铍铜合金生产因手工操作和设备落后导致产品性能不稳定的现状。同时该公司通过优化目前强化处理工艺，解决铍铜时效不足、过时效等技术难题，大幅度提升我国铍铜合金产业的总体水平和国际竞争力。

五、锑铍芯块

1997 年，我国西北稀有金属材料研究院自主研发了铍锑芯块产品，达到了国际先进水平，替代了进口，为用户提供了稳定的铍锑中子源产品。

第三章　我国未来铍行业的重点发展方向

我国的铍行业，特别是金属铍行业在比发达国家晚起步 30 年和技术封锁的情况下，取得这样的成果是很不容易的，为了实现我国在武器、空间、未来能源和高新技术领域对铍及铍合金的自主保障供给，彻底打破美国对国际铍市场的垄断和技术封锁，我国未来急需发展的技术主要有以下几个。

第一节　惰性气体雾化制取金属铍及铍合金粉末技术

铍粉制备经历了圆盘磨、球磨、气流冲击和雾化四代制粉技术。我国目前仍采用第三代气流冲击制粉技术，第四代铍雾化制粉技术的研究尚未展开，但提高铍材纯度，降低各向异性，突破铍雾化制粉技术是关键。另外，提升目前金属铍珠冶炼工艺技术水平以及掌握纯度更高的电解鳞片铍的制备技术也是高纯铍研发的基础。

第二节　铍近净形成型技术和快速近净形成型技术

金属铍材料价格昂贵，近净形成型技术和快速近净形成型技术对降低铍的成本具有重要意义。近净形工艺的技术难点在于制备过程中防止铍件开裂。我国对铍的等静压近净形技术的研究处于起步阶段，制造各向同性的近净形铍材将是我国未来铍材研究的重点。

第三节　新型铍材的合金设计与制备

目前我国金属铍、铍铝合金、铍铜合金和氧化铍陶瓷产品均存在种类较少的问题，需要加大力度进行新材料的研发和新产品的设计。

在金属铍方面，未来几年针对惯导和光学应用开发的仪表级和光学级铍材是重点研发方向。另外，发展铍铸锭源产品，改变目前我国铸造工艺只作为提纯手段的现状，对铍材的发展，尤其对铍合金的后续加工成型具有深远的意义。

在铍铝合金方面，美、俄铍铝合金研发均始于20世纪

60 年代，成熟于 90 年代，已经开发了多品种铍铝合金产品以适应不同的应用领域。我国铍铝合金的研制起步较晚，虽已掌握了铍铝合金的制造技术，但产品种类、质量和生产技术水平还与国际上有较大差距，新型铍铝合金的组织控制与低成本工艺研发是未来重点方向。技术上同金属铍一样，铍铝合金需要突破雾化制粉和近净形成型技术。

在铍铜合金方面，低铍含量高导高弹铍铜合金和铍镍合金（含铍镍钛）开发是未来研发重点。另外，目前我国高质量的铍铜产品全部依赖进口，迫切需要提升现有铍铜合金生产线技术水平，重点是掌握高质量铍铜合金半连续铸造工艺和高精度大卷重铍铜带材生产工艺。

在电子器件上，工业发达国家已普遍采用 99.5% 氧化铍陶瓷产品，而我国普遍使用的纯度仅为99.0%，并且目前国产的氧化铍陶瓷主要用于低端电子散热基片，在反应堆与惯性导航中使用的高性能氧化铍陶瓷异型件的生产尚属空白。因此，未来高纯、高密度氧化铍陶瓷的生产工艺技术，特别是异型件生产技术开发将是解决我国氧化铍陶瓷向高端领域发展的关键。

未来 10 年，通过加强基础理论和工程化技术研究，掌握一批先进的铍和铍合金核心技术，可大幅缩小我国与国际先进水平的差距。在此基础上，进一步研制新材料和新品级铍和铍合金，全面提高我国铍行业自主创新能力，建立健全铍产业基础研究、工程化技术、新产品研发技术创新体系，使铍和铍合金性能、品级、种类向多元化的高端延伸。

第九篇

铍金属的贸易与价格

因为铍应用的敏感性，涉入铍市场的公司数目有限，铍世界贸易的相当一部分在官方贸易统计数字中并没有报道。

美国在铍国际贸易中起着关键作用，既是铍产品的主要出口国，又是铍原料（包括铍屑）的进口国，即发展中国家的铍资源（包括原生资源和再回收资源）流向美国，美国向世界各发达国家提供铍的半成品和精加工产品。

大多数铍贸易报道集中在铍铜合金上，其次是铍废料、铍屑、铍粉和铍矿石。铍回收的具体数量不详，但可能构成美国表观消费量的 10% 以上。纯金属铍的贸易受到限制，特别是纯度较高的金属铍不公开发售。美国只向特定国家（主要是西方国家）出口纯金属铍，外国公司未经美国政府同意，将原产于美国的金属铍卖给其他国家，其结果可能会否决已批准的出口许可证。苏联解体后，哈萨克斯坦开始出售金属铍。

除铍制品生产商外，其他公司如好伙伴（Goodfellow）公司也从事铍制品贸易。它从 Materion 公司和碍子公司购买铍制品作为库存，再卖给用户。

工业氧化铍贸易主要是在美国 Materion 公司（近年来还

有中国的公司）和日本用户之间进行。日本碍子公司长期从 Materion 公司进口工业氧化铍。英国也进口氧化铍，但数量有限，其他国家的铍消费用户几乎都是进口氧化铍，主要来自美国，偶尔也从中国大量进口。

美国的矿山运输和铍矿石消耗量继续保持增长，但矿石开采量一直在低位运行，20 世纪 90 年代开采量多在 200 ~ 250t，近年来年开采量约 100t。

21 世纪以来，有两次较大的纯铍交易：一是 Materion 公司提供的詹姆斯韦伯太空望远镜用 19 块铍镜坯（249. 5kg/块(550lb/块)），共计 4. 6t 金属铍；二是 2006 ~ 2007 年发往“欧洲联合环”的 4. 4t 的铍板。

相对其他材料如铝、碳钢，包括钛而言，金属铍的成本是相当高的。由于 Materion 公司在世界铍贸易中的垄断地位，世界铍产品的价格由 Materion 公司决定，价格在金属周刊、金属汇刊和美国金属市场报上刊出。所报道的 Materion 公司最近的一次铍产品价格上涨是在 2000 年 7 月，所有经过加工与铸造的含铍产品都平均上涨了 5%。2003 年末，美国金属市场（AMM）公布的铍产品如下：铍真空铸锭，价格范围从每磅 325 美元到 350 美元；铍铝合金，每磅 260 美元；氧化铍粉末为每磅 100 美元；含量在 99% 的纯金属铍粉价格在每磅 350 美元到 400 美元；绿柱石的价格为每短吨 75 美元到 80 美元之间。普拉特（Platt）金属周刊公布的精选铍产品的价格如下：铍铜母合金，按含 1 磅铍量单位计价为每磅 160 美元；铍铜合金为每磅 9. 95 美元，铍铜铸锭为每磅6.40美元。但2004年以后，相关杂志不再刊出铍所用原料的价格。

在世界金属铍贸易过程中，美国Materion公司是唯一一家能够及时供应高品质铍材的企业，也是唯一一家拥有从矿山、冶炼到铍及铍相关产品一体化生产能力的综合性铍生产工厂。该公司长期垄断和支配着世界铍工业，并且在可预见的未来，这种垄断地位或不可打破。

1999年末，Materion提供给乌尔巴公司头两年的铍生产资金，并且进行设备投资（共计2500万美元）以及技术转让。作为回报，乌尔巴冶金厂为Materion公司独家提供铍产品，包括铍铜母合金和铍真空铸锭，直到2012年。这就是说美国通过资金和技术渗透，成功将前苏联乌尔巴公司庞大的铍生产能力变成其铍及铍合金的供应基地。美国通过控制乌尔巴公司一方面控制未来俄罗斯的铍来源，另一方面也牵制中国铍产品市场的对外发展。

第十篇

铍工业的国家政策

金属铍在国防中的应用十分关键，具有不可替代的作用。高铍含量的合金（铍铝、铍钛）、复合材料（E 材料）、氧化铍陶瓷、氢化铍性能也十分独特，在国防和航空航天领域已经充分证明了它们的价值。甚至在含铍量很低的合金状态下，由于添加的合金元素是铍，合金的性能也得到显著的改善，如铍铜和铍镍合金。因此，开发与完善铍系列产品是一个国家发展国防尖端技术和基础工业重要的一环，也是国家战略资源利用和储备的重要研究对象。同时，含铍材料的生产技术门槛较高，属于高新技术产业。

目前世界各国均把铍作为一种“战略性、关键性材料”，作为一种“对战争具有转折性意义的基础战略物资”，是各国特别是各军事大国十分关注的敏感金属。一个国家金属铍材的研究和应用水平在某种程度上也代表着这个国家的国防综合实力和军事工业的发展水平，铍产业的兴衰周期往往也是国际政治、军事形势变化的晴雨表。在美国和前苏联，金属铍的管理直属于国防部，对金属铍产业的发展均推行特殊的政策，美国众议院武装部队委员会还对金属铍的供给予以监管。

美国政府十分重视金属铍目前和未来的供给问题。冷战时期，美国政府长期在国防物资储备库对铍进行战略储备，以备紧急情况下及时供给铍。1980 年，国防物资储备库拥有 17167t 铍铜母合金和 363t 金属铍。1984 年、1985 年两年美国政府连续购买了总值约 2700 万美元的金属铍（约 12 万磅）作为国防储备。1988 年，美国政府开始大规模的购买金属铍，直到到 1994 年第二季度才完成对美国国防物资储备库铍金属的运送，此时在国防物资储备库的铍总量达到 2940t。这种做法不但保证了紧急情况下铍的供给，同时对金属铍的生产企业形成有力的经营支持。

2003 年 5 月，美国众议院武装部队委员会发现被广泛用在国防部的武器系统、能源部战略核设施以及几种关键的民用设施上的金属铍材料正在被耗竭，铍的供给处于危险状态。委员会随即指示国防部开展一项金属铍供给问题的深度研究并就未来如何保证铍的供给提出建议。

2004 财政年度，美国国家国防授权条例第 824 条做出了进一步明确指示，要求国防部长在 2005 年 3 月 31 日之前呈交一份报告，提供以下信息：

（1）铍的长期供给；

（2）铍初级生产现代化必要性；

（3）铍满足未来国防要求的概念；

（4）通过公私合营企业管理国家国防储备库以及其他手段维持一个稳定的铍资源工业基地的计划。

2005 年 2 月，美国国防部研究结果的摘要被包括在给国会的年度工业能力（Annual Industrial Capabilities Report to Congress）报告中。这份报告指出，至少在下一个5年内，按每年超过6%的需求增长率估算，国家国防储备中心的金属铍铸锭耗竭日期为2008年，如果寄希望于从哈萨克斯坦进口，铍耗竭日期能够延迟到2011年。一旦金属铍铸锭耗竭，如果动用国家国防储备库持有的专用粉末热压坯的储备（美国国防部国防后勤署有一个目标，即在国家国防储备库中保有45t的热压铍锭），耗竭日期可延迟几年，但动用这些铍储备通常是可以实施的最后手段。

这份报告认为，即便是从哈萨克斯坦进口的铍变得足够纯，能够满足高纯的应用，风险仍然是巨大的。原料来源依赖哈萨克斯坦，以及向哈萨克斯坦转让Materion公司的生产技术能够导致向第三世界国家销售高纯金属铍，这些国家可以使用高纯金属铍制造核武器或者与国防相关的产品。另外，报告还认为将铍的进口作为保障铍长期供给的选择是不可靠的，同时依赖私营的商业投资生产能够满足性能要求的铍材根本是不可能的。由此可见，与军事用途相关的高技术铍材是不可能依赖进口解决的，尤其不能指望从国外获得稳定长久的供给。2006年，美国国家国防储备库停止了出售其储备的铍材料。

作为对国防部报告的响应，从2005年11月开始，美国政府按国家安全生产法投资俄亥俄州克里兰夫的Materion公司，该公司被授予了技术研发合同，同时同意承担再建和维持国内初级高纯铍铸锭工厂的生产能力。原计划投资9400

万美元，国防部原计划占 4500 万 ~ 5000 万美元，但截至 2009 年，国防部已经将 5000 万美元提高到 8500 万美元。

同时该报告指出，除了在国家国防储备库中储备金属铍、绿柱石和铍铜母合金以外，国防部按国家安全生产法保证关键材料铍的供给，是更为有效的手段。也就是说，美国政府冷战时期主要依靠国家防御储备库保证铍的供给，冷战结束后更倚重于国家安全生产法保证铍的供给。

另外，美国政府还大量拨款给有关机构进行铍的全方位科研工作，通过新技术、新工艺、新材料以及应用基础研究，不断提升金属铍的品质和应用范围，以“保证高质量铍的不间断供应”，在美国从事金属铍研究的实验室有几十家之多。

2008 年 12 月，美国国防战略材料保护局（U. S. Department of Defense Strategic Materials Protection Board）规定铍既是战略性又是关键性材料，国防部必须保证铍的长期供给。

美国一方面十分重视金属铍材的自给自足，另一方面依靠其庞大的铍工业体系和科技实力，长期控制着世界铍的贸易（向特定的国家出售和封锁）。未经美国许可，将原产于美国的金属铍卖给其他国家，将丧失未来的出口许可证。对国防军工和高技术用金属铍材的出口更是严格控制，美国甚至拒绝向日本提供研制惯性导航系统使用的铍材。

不同于美国和前苏联，金属铍的管理直属于国防部，中国金属铍的管理一开始是分类到有色行政管理部门管理，归属在民口，为国防高技术装备配套服务。20 世纪 90 年代末包括金属铍研究在内的全国 242 家科研院所转制改革，基本按企业经营模式运行。

中国铍工业经过近半个世纪的发展，已经形成了采矿—冶炼—铍及铍合金加工生产的完整工业体系，为国防军工和国民经济建设作出了重要贡献。但是，铍工业的持续发展也面临不少问题，可用资源不足，采、选、冶、加整体工艺水平不高，材料制备水平、产品开发能力与应用水平比较落后，特别是基础研究薄弱，这些因素很大程度上造成我国铍工业远落后于世界先进国家，制约了铍工业的发展。另外，我国金属铍的应用仍集中在国防军工、航空航天领域，应用领域窄，靠企业自身积累来推动和支撑一个国家的铍工业几乎是不可能的，铍产业的发展很难按市场经济运营，金属铍研究投入大而收益小，生产和研发技术门槛高，且有毒，即使在美国和前苏联铍产业发展也是由国家来统一调控，管理直属于国防部。我国必须把保障铍工业的持续发展提高到战略的高度，包括将战略金属铍材料纳入国家国防相关法规管理，建立“金属铍材料国家重点实验室”和“金属铍材料先进技术研究应用中心”，建立“铍精矿、高纯铍珠和金属铍的国家储备制度”等，从而保证我国战略金属铍材料的自主供给和产业的持续健康发展。

第十一篇

铍金属的循环利用

铍的开采、生产和消费过程都会产生大量的含铍废料，但铍的循环利用很少。这主要是因为大约75%的铍是以铍铜合金形式消耗的，铍铜合金含2%左右的铍，它们难以熔析，因而几乎不能循环利用回收其铍价值。多数废弃的铍铜合金废料的循环利用最终主要是回收铜的价值。另外，金属铍旧废料也很少被再循环。许多金属铍存在于核反应堆和核武器中，难以循环利用，而且所含的铍可能已造成污染。

目前关于铍回收报道较少，具体的回收情况没有详细的数据。据悉目前美国实现了铍的循环利用，图11-1所示为2000年美国初级和次级铍国内供给和国内供给分布的循环利用流，经计算铍循环利用率约为10%，铍废料循环利用效率约为7%，铍废料的循环利用或再生占国内铍供给的不到2%，估计回收的铍占美国总体铍消耗量的10%左右，这些循环利用的铍主要是含铍废料中的铍。报废的铍产品中的铍多数不回收，或被任意丢弃，或被循环利用铜，或被运往垃圾场，或被出口。

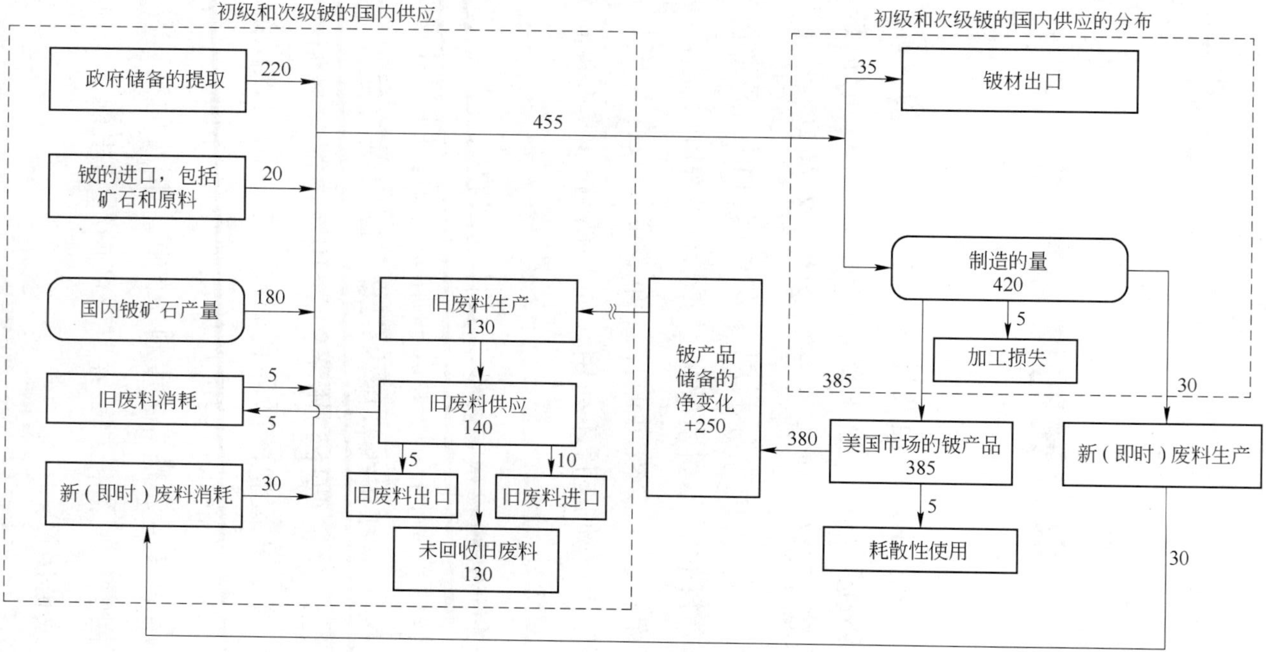

图 11-1　2000 年美国铍物质流循环（按含铍量计算，单位为 t）

第十二篇

铍金属的毒性与防护

自从1933年德国的Veber和Engelhardt发表了铍作业人员患急性化学性肺炎以来，铍的毒性以及如何实现铍毒防护已经被充分的认知了。在铍的生产过程中只要消除麻痹大意思想，采用先进的防护措施和生产工艺，管理上严格控制，完全可以实现铍的防护，消除铍病和环境污染。

第一章 铍的毒性

所有形态的铍都具有潜在的毒性。但是，它们对人的危害程度是不同的。铍的化合物如氧化铍、氟化铍、氯化铍、硫化铍、硝酸铍等毒性较大，而金属铍的毒性相对较小。铍烟和铍尘属最毒物质之列，世界卫生组织和美国的一些卫生机构已经将铍列为人类癌症的致病因素。

铍进入人体后，难溶的氧化铍主要储存在肺部，可引起肺炎。可溶性的铍化合物主要储存在骨骼、肝脏、肾脏和淋巴结等处，它们可与血浆蛋白作用，生成蛋白复合物，引起脏器或组织的病变而致癌。铍从人体组织中排泄出去的速度极其缓慢，因此，接触铍及其化合物要格外小心。与铍相关的主要健康影响有铍致敏（BeS）、急性铍病（ABD）、慢性铍病（CBD）和肺癌。

第一节 铍 致 敏

铍致敏是一种在易感人群暴露于铍中引发的免疫反应。它不是一种疾病，也不被认为会产生健康影响，但它可以作为慢性铍病的一种预报器。尽管不同的测试被用于发现铍致敏，但今天最常使用的测试是铍血液淋巴细胞增殖测试（BeBLPT）。BeBLPT是一种实验室测试，它是将水溶铍化合物加入到取自血液试样的免疫细胞中来测量是否出现反应，有反应者说明对铍敏感。

第二节 急 性 铍 病

急性铍病是一种化学性肺病，是由可溶铍盐（如 BeF_2 或 $BeSO_4$）的烟或尘引起的，它的严重程度取决于接触的铍剂量的多少。急性铍病一般是可以治愈的。急性铍病的临床表现为皮肤、眼睛、呼吸道黏膜和肺的病理变化。急性铍病以鼻咽炎、气管支气管炎和化学性肺炎为特征，离开暴露的环境，感染急性铍病的工人在几周到几个月的时间内就会逐渐康复。急性铍病不会发生在对难溶铍，如金属铍粉或尘、高燃点铍氧化物粉或尘以及含铍合金的粉或尘的操作过程中。

第三节 慢性铍病

慢性铍病是指人暴露在呼吸性铍蒸气、粉尘或对铍产生过敏性反应时发生的肺部炎症，是生产金属铍、氧化铍陶瓷以及含铍合金工作者的一种职业病，它被第一次确诊是在50多年以前。这种病是一种慢性的全身性职业病，起初是一种肺病，但它也能影响其他器官，尤其是淋巴结、皮肤、脾脏、肝脏、肾脏和心脏。最主要的还是降低肺部功能，会在肺部造成无法愈合的甚至是致命的疤痕。但并不是所有暴露在铍蒸气、粉尘或粉末中的人都会罹患慢性铍职业病，多数人不会得这种病。现在研究认为铍职业病是由遗传因素导致的过敏性反应而引起的，那些容易对铍产生过敏性反应的人才有可能患慢性铍职业病。慢性铍病的平均潜伏期为10～15年。

慢性铍病的症状包括以下几种：持久咳嗽、呼吸短促、疲劳、胸部和关节痛、咳液见血（咳液指唾液、黏液和其他咳嗽时从呼吸道流出的黏液）、心率快、食欲不振、发烧和盗汗。由于它的症状与其他几种疾病尤其是一种被称做肉状瘤病的非常相似，因此在许多情况下，医生将慢性铍病诊断为肉状瘤病或其他疾病，也有一些被诊断得了慢性铍职业病的人根本没有任何临床症状。

慢性铍病是无法治愈的。一个人一旦对铍产生敏感或被诊断为慢性铍病，就不可能康复了。许多得了慢性铍病的人变成肺部残疾人，一天24h离不开供氧。慢性铍病没有治愈的方法，药物治疗只能控制它的症状却有严重的副作用。

第四节 铍的致癌性

铍及其化合物是否可能成为人类肺部致癌物已经引起了相当大的争论。铍的致癌性对某些动物来说是可论证的，已经有大量的研究结果证明铍可使某些动物致癌。研究表明，铍能使实验动物感染癌症，铍工厂的员工患肺癌的几率有明显的增加。因此，20世纪90年代初，铍被定性为已证明的动物致癌物和可疑的人类致癌物。21世纪以来，美国政府工业卫生委员会和癌症研究国际机构将铍及其化合物列为已证实的人类致癌物（分别为A1类和1组）。美国联邦政府在2002年也将铍列为“已知人类致癌物”，而在以往的报告中只将铍及其化合物列为“可能的人类致癌物”。至此，铍及其化合物正式成为“已知人类致癌物”。

第二章 铍的职业接触限值

职业接触限值（occupational exposure limit，OEL）是职业性有害因素的接触限制量值，指劳动者在职业活动过程中长期反复接触对机体不引起急性或慢性有害健康影响的容许接触水平。化学因素的职业接触限值可分为时间加权平均容许浓度、最高容许浓度和短时间接触容许浓度三类。

时间加权平均容许浓度（permissible concentration-time weighted average，PC-TWA）指以时间为权数规定的8h工作日的平均容许接触水平。

最高容许浓度（maximum allowable concentration，MAC）指工作地点、在一个工作日内、任何时间均不应超过的有毒化学物质的浓度。

短时间接触容许浓度（pemissible concentration short-term exposure limit，PC-STEL），指一个工作日内，任何一次接触不得超过的15min时间加权平均的容许接触水平。

1949年，美国原子能委员会（现在的美国能源部）推荐的第一个职业铍接触限值（OEL）是2.0μg/m^3。该限值被美国政府工业卫生学家会议（ACGIH）、国家职业安全和健康研究所、职业安全和健康管理局（OSHA）、美国工业卫生协会和美国国家标准研究所所采用并一直沿用至今。

美国原子能委员会铍咨询委员会建议的标准（1949年）：

（1）在8h工作日内，车间内空气中铍的平均浓度不应超过2μg/m^3。

（2）任何短时间内车间空气中铍浓度不得超过25μg/m^3。

（3）铍厂周围月平均浓度不超过0.01μg/m^3。

前两项建议于1972年为美国职业安全与健康管理机构采纳为公认标准，第三项建议于1974年被美国环境保护署采纳为有害空气污染物国家排放标准。

中国的铍职业接触限值在1992年之前一直沿用前苏联的标准，但没有形成国家的或行业的标准，直到1992年，中国有色金属工业总公司发布了《铍生产防尘防毒技术管理规程》，才有了行业标准。该规程从1993年1月1日起实施，规定职业接触限值仍是沿用了前苏联的标准，主要规定有：

（1）铍作业车间空气中铍的最大允许浓度为1μg/m³，紧急职业浓度为25μg/m³（30min内）。这个标准与前苏联的标准一样，而美国和日本的标准为2μg/m³。

（2）厂区辅助车间空气中铍的最高允许浓度为0.1μg/m³。

（3）厂外防护监测地带及居民区空气中铍的月平均最高允许浓度为0.01μg/m³。

2002年，中国发布了新的国家标准GBZ2—2002《工作场所有害因素职业接触限值》。该标准规定了工作场所空气中铍的职业接触限值为8h加权平均容许浓度PC-TWA不超过0.5μg/m³，短时间（15min）接触容许浓度PC-STEL不超过1μg/m³。该标准比美国现行职业接触标准PC-TWA不超过2μg/m³相比要严格得多。

2002年5月1日《职业性铍病诊断标准及处理原则》开始实施。表12-1是国家规定的几种能引起职业病元素与物质的最高允许浓度，从表中可以看出铍是被控制最为严格的一种，远比引起“水俣病”的汞和“痛痛病”的镉的允许浓度低得多，是砷允许浓度的几百分之一。

表 12-1　几种引起职业病有毒物的最高允许浓度

项目分类		铍（Be）	汞（Hg）	镉（Cd）	铅（Pb）	砷（As）	硫酸（H_2SO_4）
空气	车间内空气中浓度/μg·m^{-3}	1	10	100	30～50	300	—
	居民区空气中浓度/μg·m^{-3}	0.01	0.3	—	0.7	3	—
	排放筒高度/m	45～80	20～30	—	100		30～45
	排放口处空气浓度/mg·m^{-3}	0.015	0.01～0.02		34～47		760
工业废水	排放条件	废水净化后	车间排放口	车间排放口	车间排放口	车间排放口	—
	废水浓度/mg·L^{-1}	0.01	0.05	0.1	1.0	0.5	
地面水/μg·L^{-1}		0.2	1	10	100	45	—

GB 8978—1996《污水综合排放标准》规定含铍废水排放最高允许浓度为5μg/L。

GB 16297—1996《大气污染物（铍及其化合物（换算成铍））综合排放》规定：

（1）最高允许排放浓度（通过烟囱）：

1）0.015mg/m^3，适用于 1997 年 1 月 1 日前设立的污染源；

2）0.012mg/m^3，适用于 1997 年 1 月 1 日起设立的污染源。

（2）无组织排放监控浓度限值：

1）0.0010mg/m^3，适用于 1997 年 1 月 1 日前设立的污

染源；

2）0.0008mg/m³，适用于1997年1月1日起设立的污染源。

第三章 铍毒的防护

由于铍及其化合物的职业性危害，在铍及含铍材料的生产过程中，必须统计员工接触铍的次数和浓度，并且要防止含铍污染物的浓度超标。

职业铍暴露的控制措施主要有三种。第一是工程控制手段，主要是利用通风技术控制铍尘的扩散，达到防止接触铍的目的；第二是管理控制措施，主要是通过管理手段来减少员工接触铍的机会；第三就是个人防护措施。

第一节 工程控制手段

工程控制手段通常包括通风以及局部排风罩、手套箱、排烟罩这样的装置。用人单位应该尽一切可能使用可行的技术手段确保接触铍减少到最低水平。只要可能，在进行切、磨、加工、砂纸打磨以及固态铍的加工时采用湿法操作以减少铍尘的产生。

一、通风

通风分两种基本类型：全面通风和局部通风。全面通风就是引入新鲜空气将所有污染物稀释到接触极限以下。局部通风将有毒物质从员工工作的地方排入排风系统中以达到去除有毒物质的目的。全面通风通常用于以低速扩散的低毒污染物的排除，像铍这样的有毒物质是不适合采用全面通风的，只能采取局部通风。一个排风罩或排风装置安装在加工作业点上就是局部通风的一个例子。局部排气装置构成要素包括风罩、风管、空气净化装置及排风机。

二、湿法控制

多数情况下，在铍的机械加工作业（面铣、车削、钻屑）时使用冷却液溢流就会将向空气中传播铍的量降低到可接受的水平。冷却液的使用还可控制手工打磨、修边或处理氧化材料时向空气中传播的物质的量。手工锉磨、手工打磨也可在去离子水中进行。

三、隔离

对于向空气中传播铍的概率较大的作业，应该考虑将员工隔离在一个控制室内进行操作。

第二节 管理控制措施

管理防护手段比较多，主要包括：

（1）研究铍加工工艺和操作过程，以采用接触铍几率少的工艺或过程，减少对铍的接触几率。

（2）设立限制进入区域。

（3）更衣和淋浴制度、设施。污染物可通过员工的头发、鞋子和内衣等扩散，因此必须在淋浴更衣之后方可离开铍限制区。

（4）个人卫生。工作人员在铍作业区严禁吸烟、喝水、吃食物，也不要储存香烟、蔬菜和食物等。

（5）警示标志和标签。限制进入区域应该用下面的警示标记加以明确标识。参考厂家提供的 MSDS 标注材料和废物。“危险”、“铍尘（烟）”、“防止烟尘吸入”、“严重慢性肺病”、“潜在癌症危险”、“非授权人员不得入内”。

（6）记录管理。建立完整的员工的接触监测和医学监视记录。员工的接触监测记录必须保存到其不在职以后或工作以后 30 年，两者取其长者。医学监视记录必须保存 75 年。

（7）训练和培训。第一级培训铍的基本知识；第二级培训包括减少铍暴露的所有控制方法、有事例的暴露控制项目、经验教训、医学监视项目、个人物品的使用及限制；第三级培训是特定操作的培训，即培训如何养成良好的工作习惯。

（8）现场管理。现场管理要做到个人和工作物品定点放置，工作期间要严格遵守工作纪律，在制定的区域作业，不串岗，防止交叉污染。

第三节　个人防护措施

一、防护服

铍作业所需的防护服类型，如连裤工作服、实验室外套和鞋套的确定应该以作业条件、预期的污染水平以及在特定点备有证明文件的程序为基础。实验室外套、面罩和手套是必需的最低保护，手套需使用不渗透手套以防手被污染，如有伤口必须包扎。其他的防护装备，应在必要时使用，如当皮肤或眼睛有暴露于可溶形态铍中的危险时，就必须使用全身防护服和护目镜。

二、呼吸保护

呼吸保护是控制铍职业暴露的最合适的方法。半密闭、空气净化、高效微粒空气过滤呼吸器可使员工进入铍浓度等于20μg/m^3 的地方，而独立的氧气呼吸器可以在铍浓度超过2000μg/m^3 或未知浓度的区域提供保护。

第四节　铍作业人员职业病状况

中国铍作业大致可分为铍冶炼、铍金属加工、铍合金及氧化铍陶瓷与耐火材料等制品加工、铍科研试验四大系统。在这四个铍作业系统中，截至1996年慢性铍病发病情况见表12-2。其中，铍冶炼系统慢性铍病病例最多（占63%），患病率最低（1.07%）。铍科研试验系统患病率最高（6.25%）。全国慢性铍病的总患病率为1.32%。从1996～2005年的10年间，湖南有色铍业有限公司铍冶炼与西北稀有金属材料研究院铍及铍合金加工两大部分新增慢性铍病11例，累计慢性职业铍病53例。首例职业铍病发生于

1967 年。

表 12-2 1996 年以前我国不同铍作业系统慢性铍病发病情况

铍作业分类	铍冶炼	铍金属加工	铍合金、铍陶瓷、耐火材料加工	铍科研试验	合计
接触人数/人	4770	650	420	160	6000
慢性铍病病例数/件	51	14	6	10	81
患病率/%	1.07	2.15	1.43	6.25	1.32
占总病例/%	63.0	17.3	7.4	12.3	100

一、铍冶炼作业职业病状况

水口山六厂的氧化铍车间于 1958 年 6 月建成投产，金属铍车间于 1959 年 10 月建成投产。当时由于工艺装备差，通风排气装置不尽合理，设备密闭设计与实际操作不协调，作业面的铍尘浓度超过标准 100 ~ 5000 倍。投产后 3 个月，在个别工人中即发现了铍中毒的症状。到 1961 年 3 月止，在不到 3 年的时间内，累计发现铍的急性中毒患者 45 例。

为了扭转急性中毒病例频发的状况，1958 年 12 月，在国家高度重视下采取了一系列紧急措施。这些措施包括：对关键设备进行改进，要求兼备良好的操作条件和尽可能的密闭；充分发挥通风设备能力，增大风量；制定严格的劳动保护、安全卫生制度。在严格贯彻和执行这些措施之后，作业面的铍尘浓度大幅度降低，从而有效地控制了急性中毒的发生。自 1961 年 3 月后，水口山六厂再未发生过急性中毒病例。1974 年第一次发现铍慢性中毒病例，截止到 2005 年累计诊断慢性铍病35例。从开始接触铍到诊断为慢性铍病的潜伏期最短的8年，最长的42年。

二、铍加工作业职业病状况

西北稀有金属材料的铍毒防护措施较好，投产以来，无急性中毒病例。西北稀有金属材料研究院每两年对铍作业人员进行一次职业健康检查，历次接受职业健康检查人员包括：直接从事铍及铍合金生产作业人员、理化性能分析检测人员、有一定从事铍及铍合金生产和科研经历调离人员以及有关的机关管理人员。该院截止到2005年累计慢性职业铍病18例。

第四章　铍的环境保护

第一节　含铍空气的污染治理

在铍作业区需布设整体的通风除尘网络系统，凡铍及铍合金加工车间均保持一定的负压状态。各车间受污染空气根据不同生产特点分别经过旋风加布袋或中效加高效两级过滤。过滤净化后的废气经过各个岗位引风机汇集到总排风机室，然后再经总排风机的排风烟囱排入到大气之中。

第二节　含铍废水的处理

废水处理的第一步是要严格的清污分流，尽可能减少有毒废水的总量。含铍废水汇集到污水站进行统一处理，通过中和，加入吸附剂和絮凝剂，沉清，合格后，废水并入城市下水排放。

第三节　废渣和固体废弃物的处理

工业废渣运入渣库永久性储存。固体废弃物和工业垃圾按照有毒有害、生活垃圾进行分类，并按是否可以利用分类处理。不可利用的有毒有害物运至专用渣库深埋；不可利用的生活垃圾按照当地环保部门规定清运到指定地点。

第四节　废气的处理

铍冶炼过程必须具备有效的通风防尘设施，而通风设施产生的废气必须净化后排放，否则将造成环境污染。废气的净化处理可分为以下两类。

一、湿法过程废气的净化

湿法生产过程产生的废气，含有可溶性铍化合物的雾沫，采用一级（或二级）冲击式除尘器净化。废气冲击水层时鼓泡，形成细小的水滴或水膜，铍则溶解于水中。净化后气体经过除雾装置排入烟囱，洗水进入污水站处理。

二、火法过程废气的净化

火法过程产生的废气，先经布袋收尘器捕集含铍粉尘，然后进入湿式冲击式除尘器净化。净化后气体排入烟囱，收集的粉尘返回使用，水进入污水站处理。2000 年以后，我国火法除尘器进行了全面更新。铍铜合金工作合金车间采用高效低阻低压脉冲袋式除尘器，金属铍车间采用塑烧板除尘器代替保温布袋除尘器，通风除尘效果都有明显的改善。

第五节 环 境 监 测

对铍作业现场、生产区、居民区以及周围空气环境中的铍浓度和水中的铍浓度实施监测。空气监测，中国执行 GBZ/T 160. 3—2004《工作场所空气有毒物质测定铍及其化合物》。水质监测，中国执行 HJ/T 58—2000《水质铍的测定铬氰 R 分光光度法》。

第六节 我国铍环境保护现状

由于铍及其化合物的职业性危害，在冶炼、加工、使用中，推进绿色工艺，提高环境保护水平，对铍资源开发与综合利用是十分重要的。中国的铍采矿、选矿、冶炼与加工过程中的环境保护工作主要集中在铍冶炼与加工生产中。

一、我国铍冶炼的环境保护现状

（一）铍毒防护

铍冶炼最容易造成含铍粉尘、烟雾的作业环境，因此铍的职业危害相对比较严重。减轻这种危害的主要措施是加强通风防尘，使作业面空气中的铍尘浓度达到工业卫生要求（1μg/m³）。对每一个铍尘或烟雾的发散源实施局部抽风（操作口风速0.5～1m/s），而车间厂房内则保持足够的换气次数，是控制作业面铍尘浓度的主要措施。

在“九五”、“十五”期间我国水口山六厂的工业氧化铍车间、金属铍车间、铍铜中间合金车间都进行了技术改造，工艺设备和通风设施有明显的改进。目前在湿法生产段，空气中的铍尘浓度可以达到工业卫生要求。火法生产段的铍尘合格率达到70%。为避免危害，在进行某些火法操作时，工人需佩戴特殊的口罩或穿防护服。

水口山六厂已有健全的“铍职业安全卫生管理规程”。这些规程包括：个体防护和卫生，岗位操作卫生规程，职业病防治和健康管理等。严格执行“铍职业安全卫生管理规程”对预防铍职业病的危害起到了重要作用。

（二）含铍废水的处理

废水处理的第一步是要严格的清污分流，尽可能减少有毒废水的总量。在管理状态下，水口山六厂每天产生的含铍废水350～400m³，含铍100～1000μg/L。废水用石灰乳中和到pH值为8～9，过滤后的废水含铍降到80～100μg/L，加入吸附剂和絮凝剂，泵入渣坝沉清后，排放。坝的面积很大，沉清后的上清液可以降到5～10μg/L。由于排放的水量小，因此湘江流域从松柏到衡阳段水质多年测定的结果含铍都低于0.2μg/L（水质标准）。

（三）废渣的处理

水口山六厂工业废渣主要来自工业氧化铍生产过程。总量约10t/d，其中，浸出渣7.5t/d，铁渣2.5t/d。将废渣和石灰乳混合打浆，pH值达到8～9。压滤后，滤液并入铍废水处理系统处理，渣则运入渣库永久性储存。

（四）废气的处理

水口山六厂的废气有湿法过程和火法过程产生的废气，因此废气净化也是按湿法过程废气净化和火法过程废气的净化进行。

二、我国铍及铍合金加工的环境保护

（一）铍毒防护

在铍及铍合金生产中，西北稀有金属材料研究院执行国家有关铍防护标准规定，保证安全生产，文明生产，控制铍尘危害，保护铍作业职工身体健康和周围生态环境。在吸收放射性和其他毒物材料生产防护与环保安全技术的基础上，建立了较为完善的空气除尘净化系统，并对含铍废水、废渣的处理和个人安全防护都有相应严格的管理制度。该院初建时即十分重视铍的防护与环境保护工作，其中除尘设施的投资占总投资1/3。

1996年该院依据原中国有色金属工业总公司《铍生产防尘防毒技术管理规程》（YWG05—92），制定了《铍职业安全与防护管理措施》，用以规范铍及铍合金产品生产和科研工作的铍毒防护；2002年按照GB/T 24001—1996《环境管理体系要求及使用指南》和 GB/T 28001—2001《职业健康安全管理体系规范》建立起了职业健康安全和环境管理体系，使铍加工的劳动防护与环境保护又上新台阶。

（二）含铍空气的污染治理

在铍作业区布设了整体的通风除尘网络系统，凡铍及铍合金加工车间均保持一定的负压状态，各车间受污染空气主要是根据不同生产特点分别经过旋风加布袋或中效加高效两级过滤，过滤净化后的废气经过各个岗位引风机汇集到总排风机室，然后再经总排风机通过 100m 高的排风烟囱排入到大气之中。铍作业区安装有上百台排风量在每小时数千立方米不等的子风机和数百台（套）的空气净化过滤装置，4 台总排风机单台排风量为 $15\times10^4m^3/h$，最大排风量可达 $60\times10^4m^3/h$，确保了车间空气得到及时的置换处理，有效地降低了车间空气中的铍尘浓度。为了防止各车间受污染空气的二次交叉污染，还在总排风机和各个子风机之间加装了电器连锁控制，总排风机不运行的情况下子风机不能运行。2005～2006 年又投入数百万元资金对原排风系统控制进行了改造。目前，整个排风系统的主要设备和电器控制系统全部得到更新，各风机房风机运行动态与总排实行连锁，整个排风系统运行已经实现了微机监控。

1996～2005 年环境监测数据表明，十年间铍污染废气通过高烟囱排放的年平均合格率为 100%。但随着铍及铍合金产量的不断增加，防护问题也越来越突出。由于铍作业部分整体防护设施日益陈旧，车间内的风柜、风罩和风管腐蚀严重，历经多次局部改造后车间设备整体布局平衡破坏等原因，目前车间空气中铍浓度控制尚有一些不尽如人意之处。现在，该院正在策划车间内部通风设施更新和厂房布局改造。如果这项改造计划能够实施，铍的整体防护效果将会大大改善。

（三）含铍废水的处理与排放

西北稀有金属材料研究院含铍废水的处理与排放着重从以下三个方面进行控制：

（1）严格水资源管理，减少含铍废水总量。在坚持平时对各车间废水排放口原水中铍浓度监视的基础上，经常不定期进行排水系统的跟踪分析，并且依照跟踪分析结果实行分流，减少含铍污水的处理总量。

（2）严格控制含铍废水的处理过程，坚持达标排放。铍及铍合金加工部分的不可利用含铍废水都汇集到污水站进行统一处理，合格后才能并入城市下水排放。1995 年投入运行的污水站设计废水处理量为 $120m^3/d$，随着科研生产的发展，2004 年实际处理量已经达到 $200m^3/d$ 以上，废水处理能力已严重不足。2005 年，投入 100 多万元对废水处理系统进行了扩能改造。现在，含铍废水处理能力已达到了 $500m^3/d$ 以上。改造后的废水处理系统从技术上得到了有效提升：增加了 pH 值测量与调控、污泥界位自动显示，原水池扩容 $200m^3$，清水池扩容 $150m^3$，用污泥脱水机取代了原有的自制布袋脱水，从而使污水处理系统达到了国内同行业先进水平。1990 年成立防护研究室至今，含铍废水处理始终坚持排放前的跟踪监测，不合格不排放。1996～2005年环境监测数据显示，含铍废水排放的年平均合格率为100%。

(3) 定期对车间排放水质情况进行系统跟踪监测。为了综合利用水资源，多次对铍作业区各车间生产用水进行系统的归类监测，并将受污染的水、设备循环冷却用水和生活污水进行分类控制，将直接可利用的废水用于绿化。

(四) 固体废弃物处理

西北稀有金属材料研究院建立了专门的铍固体废弃物库。铍及铍合金加工部分的固体废弃物和工业垃圾按照有毒有害、生活垃圾进行分类，并按是否可以利用分类处理。不可利用的有毒有害物拉至专用渣库深埋，不可利用的生活垃圾按照当地环保部门规定清运到指定地点。铍污染固体废弃物运往铍固体废弃物库，运送车辆也是专用的。

(五) 环境监测

西北稀有金属材料研究院十分重视环境监测工作，防护研究室设有专职监测机构，制度化的对铍作业现场、生产区、居民区以及周围空气环境中的铍浓度实施监测，并按季度编写《环境监测分析报告》，为有关领导和部门及时发现问题，采取措施处理提供动态的依据。

1996年以来先后更新了监测仪器，淘汰了原72型分光光度计，新增751GW分光光度计、756MC分光光度计和960CRT荧光分光光度计；1997年开始执行《污水综合排放标准》(GB 8978—1996)，含铍污水排放浓度由10μg/L降为

5μg/L；2000 年开始执行《水质　铍的测定　铬氰 R 分光光度法》(HJ/T 58—2000)，在此之前执行中国原冶金部颁布的《铬氰 R 分光光度法》。

2000 年对作业场所的监测频率由每季度一次改为每月一次，并且增加了监测点数量，并根据情况进行密集抽检。2006 年开始执行《工作场所有害因素职业接触限值》(GBZ 2—2002)，在此之前执行《铍生产防尘防毒技术管理规程》；2006 年开始执行《工作场所空气有毒物质测定铍及其化合物》(GBZ/T 160.3—2004)。

第十三篇

世界主要铍生产企业

第一章　氧化铍和金属铍的生产企业

目前世界上有能力生产金属铍的企业仅有3家，分别为美国的Materion公司、哈萨克斯坦的乌尔巴冶金厂、中国的西北稀有金属材料研究院。前两者同时具备铍冶金生产氧化铍的能力，中国的铍冶金生产在湖南有色铍业有限公司，目前新疆恒盛铍业有限责任公司也开始进行铍的冶金生产。

第一节　Materion公司

美国Materion公司是世界上唯一能生产所有铍产品的综合一体化制造商，它的铍商业产品包括化合物、金属、合金和复合材料。Materion公司金属铍生产线建于1921年，目前金属铍产品的生产企业——铍产品和技术材料公司是Materion公司的最小单位，制造和销售纯金属铍和铍铝合金。铍产品主要包括核纯级、结构级、仪表级、光学级和高纯级铍材，超纯、高纯和标准级铍片、铍箔，高强度（高铍）类以及氧化铍和氧化铍陶瓷等。产品形状有棒、管、片和异型件，主要市场是航天、汽车、国防和医疗设备。

Materion 公司拥有位于犹他州的两座矿山，全部羟硅铍石的处理都在属于 Materion 公司设在犹他州 Lynndyl 地方的代尔塔工厂进行，该工厂既处理该公司开采的羟硅铍石，也处理进口的绿柱石，生产氢氧化铍。金属铍冶炼在俄亥俄州埃尔默工厂（至铸锭），2011 年投资 9400 万美元的生产高纯铍铸锭的新工厂建成。

第二节 乌尔巴冶金厂

哈萨克斯坦的乌尔巴冶金厂是前苏联仅有的一家铍冶炼加工厂，它位于乌斯季卡缅诺戈尔斯克的乌尔巴河畔。铍冶炼的原料以前由俄罗斯的乌拉尔绿宝石采矿联合股份公司、外贝加尔斯克采选联合企业（Zabailsky GOK）以及本国贝拉戈尔斯克采选联合企业（Belogorsky GOK）供给。乌尔巴冶金厂也加工铀矿以生产核电站用铀燃料以及将钽精矿加工成钽制品。现在乌尔巴冶金厂已成为哈萨克斯坦的一个大型综合性冶金企业。

乌尔巴冶金厂铍生产从处理矿石开始，主要产品有铍材、铍粉、铍制品、铍铜中间合金、铍铝中间合金和各种氧化铍陶瓷制件等。铍坯锭（含 Be 98.5%）的最大尺寸可达到：粉末锻压成型 ϕ1500mm × 200mm；真空热压成型 ϕ500mm × 600mm；挤压成型 ϕ180mm × 1500mm；等静压成

型 ϕ260mm × 500mm。在铍材产品中，真空热压材占 40%，粉末直接锻压材占 30%，等静压材占 10%，其他占 10%。

第三节　西北稀有金属材料研究院

西北稀有金属材料研究院是中国唯一的金属铍生产和研发高新技术企业，前身是北京有色金属研究总院的铍和钽铌研究室，1965 年搬迁至宁夏石嘴山市组建了宁夏有色金属研究所，1994 年更名为西北稀有金属材料研究院。经过 50 年的发展，已经自主建立起了独立、完整的金属铍科研生产体系和铍材生产线，具备了采用先进粉末冶金工艺和设备生产各种用途、各种级别铍材的能力，为国家的许多重要项目提供了大量配套材料，满足了国家急需，为国防军工与国民经济建设作出了重要贡献。

第四节　湖南有色铍业有限公司

直到 2005 年以前，中国的铍冶炼企业只有湖南有色铍业有限公司一家，前身是湖南水口山第六冶炼厂。该厂始建于 1957 年，经过几次扩能改造和不断实施工艺技术改进，生产能力、产品质量和品种系列都有了大幅提升。目前铍的产品系列有：工业氧化铍与高纯氧化铍、氧化铍陶瓷、金属铍珠、铍铜中间合金、铍铜铸造合金和铍铜安全工具等。工业氧化铍产能为每年 95t，高纯氧化铍每年 5t，铍铜母合金为每年750t。此外，工厂还生产金、银和锌锆合金等，是国内一个重要的稀有金属冶金企业。

第五节 恒盛铍业有限责任公司

2003年，新疆富蕴县通过“乌洽会”引进铍冶炼项目，由富蕴恒盛铍业有限责任公司出资在富蕴县建设中国第二个铍冶炼厂，以开发富蕴与新疆的铍矿资源。恒盛铍业公司是由新疆有色金属工业（集团）有限责任公司、新疆恒合投资股份有限公司、新疆有色集团稀有金属公司三方共同出资设立的公司。

恒盛铍业公司对包括富蕴、青河、福海等地的含铍资源进行综合开发，同时依托新疆维吾尔自治区有色科研所等科研单位，有步骤地开发金属铍珠、氧化铍陶瓷、高纯氧化铍等一系列高附加值，同时也是市场急需的新产品。目前，恒盛铍业有限公司已具备年产100t工业氧化铍、800t铍铜合金的生产能力，金属铍珠的生产线也已全面打通。

第二章 铍铜合金主要生产企业

第一节 国外主要铍铜合金生产企业

一、Materion公司

美国Materion公司是世界规模最大、综合实力最强的铍合金制造商，是世界铍铜合金生产的领导者。Materion 公司本土主要拥有埃尔摩（Elmore）和雷丁（Reading）公司两家铍铜分公司，分别建于 1957 年和 1958 年。国外公司主要有英国的特尔康金属公司和日本的分公司。此外，Materion 公司在英国伯克郡的特尔、德国斯图加特、日本东京和新加坡设有国际服务中心，作为欧洲和中东地区的货栈销售铍及合金产品。

20 世纪 80 年代，由于铍铜市场的繁荣，1986 年 Materion 公司投资了 1 亿美元用于雷丁厂铍铜产能扩建。1995 年，再次出现产能不能满足铍铜市场的局面，1996 年，美国 Materion 公司又进行了一系列铍铜生产的投资计划。1999 年，Materion 公司在其埃尔摩厂完成了 1.17 亿美元的投资，其目的是为满足汽车方面增长的需求和开发低铍高导电率合金（合金 171 和 Brush60）。埃尔摩厂铸造车间安装了两台 30t 感应电炉，主要用于铍铜生产，熔融合金由这两台电炉送到一台直接冷却铸造机，生产 203mm × 660mm × Lmm 板坯，以及升级热轧和冷轧技术，使铍铜带材的生产能力提高了 3 倍，最终产品厚度从以前的 1mm 升级至 0.2mm，厚度小于 0.2mm 的合金带材仍由雷丁厂生产。2001 年又投资雷丁厂，添加精整设备使其生产能力比 2000 年提高 15%。

Materion 公司生产 8 种铍铜合金，分别为 165、25、290（25 的工厂硬化材）、M25、174、3、10、50 合金，年产量达 10000t 以上。

二、日本碍子金属公司

日本也是世界上最大的铍铜合金加工材生产与消费国之一。世界第二大铍铜生产厂家即日本的碍子公司，前身为碍子金属公司，1958 年开始生产铍铜合金，是日本绝缘体有限公司（Nippon Gaishi）的全资子公司。日本绝缘体有限公司 1986 年趁日元升值之际购买了美国卡博特公司（包括在法国、德国和英国的子公司）的铍铜分部。由于不具备铍的冶炼技术，碍子公司是世界上最大的氧化铍进口商（主要进口源是美国的 Materion 公司）。

碍子公司生产工厂有美国宾夕法尼亚的雷丁和田纳西州的甜水（Sweetwater）、日本名古屋的本田（Handa）、法国的克隆（Coueron）。1998 年，公司重新组织和扩大了铍生产能力，在甜水投资 1200 万美元。1999 年 11 月，公司完成了一个两年的投资项目，在本田工厂将铍铜合金的生产能力由 3600t/a 提升为 4200t/a。2000 年将铍铜轧制品生产能力提高了 1 倍达到 3600t/a，并将设在爱知县半田市知多工厂的铍铜铸锻产品的生产能力提高 1 倍。

现碍子公司年产铍铜的能力估计在 6000t 以上，生产 6 种 Berylco 牌号铍铜合金的各种产品，分别为 165、25、33-25、10、14、7 合金。

三、乌尔巴冶金厂

冷战前，哈萨克斯坦乌尔巴冶金厂是除 Materion 公司之外，世界最大的铍及其相关产品生产商，生产的铍产品都被前苏联用于国防。冷战结束后，乌尔巴冶金厂生产非常困难。1992 年乌尔巴 11 个生产单位中仅有 1 家在运转，每年生产几百千克的铍合金材料。

2000 年，乌尔巴冶金厂获得 Materion 公司 2500 万美元的现金投资，由 Materion 公司提供乌尔巴冶金厂头两年的铍生产资金,并进行现代化设备投资,同时带来一些新技术,其中一半左右的投资用在铍铜合金的生产上。作为回报,乌尔巴冶金厂给 Materion 公司独家提供铍产品,包括金属铍。随后几年,经过数次更改,供货期延至 2012 年。2005 年,乌尔巴冶金厂完成了这项为期 5 年的投资计划,铍铜母合金的生产能力为每年 3000t,铍铜合金制品的生产能力为每年 1000t。估计现乌尔巴公司的铍铜合金生产能力不低于日本碍子公司,因为 2006 年,美国地质勘探局(United States Geological Survey,USGS)报道乌尔巴公司铍产品占世界市场 33%,而在 1999 年它仅占 3%。

2007 年，由乌尔巴冶金厂和宁波兴业电子铜带有限公司共同投资 1 亿元建设的鹰潭乌尔巴兴业金属材料有限公司，于 2007 年 9 月落户中国鹰潭经济技术开发区，生产规模为 2000t/a。2014 年 3 月因合资经营亏损，公司停业。

第二节 中国主要铍铜合金生产企业

一、中色东方铍铜分公司

中色东方铍铜分公司生产的铍铜合金曾应用在神州 5

号、6号飞船上，并受到了嘉奖。从2008年开始，投资5亿元进行大卷重高精度铍铜生产线的扩建以及再建。目前，已形成板带宽度450mm、单卷质量300~1000kg、高精度、大卷重板带材规模化生产线，铍铜产品的质量达到了国际先进水平。铍铜和特种铜合金的生产能力达到了每年10000t以上，是全国最大的铍铜板带材生产厂家。

二、上海贝瑞姆铜业有限公司

上海贝瑞姆铜业有限公司（原上海有色金属压延厂）主要是以生产黄铜、紫铜及青铜板带材为主的生产企业。其铍铜合金生产始于20世纪60年代，是中国铍铜合金生产最早的企业，产品主要以板带材为主。在20世纪末，上海有色金属压延厂先后进行了两次设备改造及扩能，产品产量和精度都有相应程度的提高。2004年，由浙江天力管件有限公司（中德合资）、湖南水口山有色金属集团有限责任公司和上海有色新材料（集团）有限公司三家共同出资，成立了上海贝瑞姆铜业有限公司，整体收购了原上海有色金属压延厂的铍铜合金生产线及其厂房，并于2005年底开始进行再次改造。

三、苏州市瑞佳有色合金材料有限公司

苏州市瑞佳有色合金材料有限公司坐落在苏州市相城区北桥开发区，是2000年成立的专业生产铍铜合金系列产品的民营企业，是国内民营企业中最主要的铍铜合金生产厂

家。根据铍铜合金国内市场分为高中低等不同档次的实际，该公司的目标是国内中端偏低市场。

四、镇江威亚达合金制品有限公司

镇江威亚达合金制品有限公司（原扬中市利达合金制品有限公司）位于扬中市八桥镇，铍铜合金产品是其系列合金产品之一，其产品目前主要针对国内中低端市场，年产量30～40t。

五、深圳市弗伦德有色金属材料有限公司

深圳市弗伦德有色金属材料有限公司坐落在深圳市松岗镇，是一家集生产、贸易为一体的铍铜合金生产企业，其主要业务以贸易为主，主要销售苏州市瑞佳有色合金材料有限公司的系列铍铜合金产品。

六、镇江兰锋有色金属有限公司

镇江兰锋有色金属有限公司地址在扬中市八桥镇，成立于1999年，主要以铍铜合金板带材及棒材的生产及贸易为主。

七、西安科耐威尔合金有限公司

西安科耐威尔合金有限公司地址在西安市长安区，2003年以来涉足铍铜合金行业，是第一家主要以生产、销售铍铜合金模具材料为主的民营企业。

八、其他

其他生产铍铜合金或曾经生产铍铜合金的厂家有苏州吴县合金制造厂、扬中新压内燃机附件厂、广东海螺合金功能材料元件研制所、湖州电工凤凰合金材料厂等。

第三章 铍铝合金的生产企业

铍铝合金世界上主要的生产厂家有美国 Materion 公司和 IBC 先进合金公司，中国西北稀有金属材料研究院。前苏联具有生产铍铝合金的能力，但解体后，具体的生产情况不明，估计现俄罗斯和哈萨克斯坦乌尔巴公司均具有用精密铸造方法生产铍铝合金的能力，粉末冶金方法的生产能力不详。

第一节 Materion 公司

20 世纪 90 年代 Materion 公司研制的铍铝合金系列分为 AlBeMet®和 AlBeCast®系列。AlBeMet®采用粉末热等静压的方法制造，AlBeCast®系列合金采用精密铸造方法制造。

Materion 公司取得了一项 AlBeMet®合金半固态加工技术的专利（早先这种熔点非常高的 AlBeMet®合金不能使用常规的压铸工艺），该专利可用永久模具铸造高精度产品。Materion 公司在几小时内进行了一次大约 2500 个火炮用原型

30mm 炮弹软壳的试生产，证实了新加工方法的可靠性。Materion 公司还开发了几种用熔模铸造方法生产的铍铝合金，可以生产商业成本可行的复杂高精度部件。该族合金的第一种，AlBeCast® IC910 含 62% 的铍和 38% 的铝。

Materion 公司的粉末冶金技术也非常成熟，主要产品为 AlBeMet® AM162H 和 AlBeMet® AM140H 合金。粉末经等静压后生产的坯锭，可以直接机加成所需形状或轧制/挤压成材，轧制/挤压后的铍铝合金的性能较热等静压坯锭的性能大幅度提高。AlBeMet®是一种通过气流雾化法生产的粉末冶金产品。

第二节 IBC 先进合金公司

2011 年 IBC 先进合金公司收购了斯达迈特公司。斯达迈特公司是第一个铍铝合金的研制生产厂家，前身称核金属公司，20 世纪 60 年代，与洛克希德公司联合开发了第一个商业铍铝合金——洛克合金。由于昂贵的生产成本最终导致了它从商业销售中退出。20 世纪 90 年代开发了 Berylcast®族铍铝合金，该族合金采用铸造生产工艺制造。其中，Berylcast® 363 合金主要用于精密铸造和高强结构应用；Berylcast® 191 合金主要用于热、电控制用途；Berylcast® 310 合金用于经过加工的产品，包括精选的、定向的、高强的管材、棒材和热应用。Berylcast® 363L 含铍 45%，Berylcast® 363HD 含铍 30%。

目前该公司的精密铸造铍铝合金产品广泛应用于航空航天、电子、半导体和体育运动物品。

第三节　西北稀有金属材料研究院

2004年，中国唯一的铍材生产和研制基地——西北稀有金属材料研究院着手铍铝合金研发，经过几年攻关，掌握了精密铸造工艺和粉末冶金工艺制备铍铝合金的核心技术，并实现了小批量生产，成为全国唯一具备铍铝合金生产能力的企业，也是世界上第三家能够生产铍铝合金的企业。目前西北稀有金属材料研究院精密铸造中试生产线已经建成，具有批量生产铸造铍铝合金的能力。

西北稀有金属材料研究院以洛克合金为基准研制的粉末冶金产品相当于美国Materion公司的AlBeMet® 162，精密铸造相当于AlBecast® IC910，产品已在惯性导航、航空航天领域得到了应用。

第四章　氧化铍陶瓷的生产企业

世界上主要生产和消费氧化铍陶瓷的国家是美国。可以说，美国是世界上氧化铍陶瓷产品量最大、技术性能最高、生产技术最好的国家。美国最早生产氧化铍陶瓷的公司有拉瓦（Lava）公司，国家（National）氧化铍公司，高氏（Coors）公司。目前仍在运营的有Materion公司，阿贵尔特

(Accuratus) 公司，IJ 研究院（IJ Research）和克儒列克（Cronics）公司等，其中后两家重点是金属化技术，还有原国家氧化铍陶瓷公司现改名为美国（America）氧化铍陶瓷公司。

世界上生产氧化铍陶瓷规模较大者还有哈萨克斯坦的乌斯特卡明若戈尔斯科州的乌尔宾斯基金属工厂（Ulbinsky Metal Factory）。

中国的氧化铍陶瓷生产厂家主要是四川 799 厂、上海飞星特种陶瓷厂。

还有一些公司涉及氧化铍粉、氧化铍陶瓷的研究、制造和销售，例如英国古德飞罗集团、法国铍希尼（Pechiney）公司。

参考文献

[1] 聂大钧. 铍粉末冶金与加工技术[M]. 北京：中国有色金属工业总公司职工教育教材编辑办公室，1986.

[2] 吴源道. 铍——性质、生产和应用[M]. 北京：冶金工业出版社，1986.

[3] 稀有金属编辑委员会. 稀有金属手册（下册）[M]. 北京：冶金工业出版社，1995.

[4] 王云贵，李振军. 铍[M]//有色金属进展（第5卷）稀有金属与贵金属. 北京：冶金工业出版社，2005.

[5] 高陇桥. 氧化铍陶瓷[M]. 北京：冶金工业出版社，2006.

[6] 聂大钧. 铍、锆、铪及其合金材料[M]//中国工程材料大典（第5卷）有色金属工程材料. 北京：化学工业出版社，2005.

[7] 聂大钧，孙本双，李振军. 有色金属进展稀有金属与贵金属——铍[M]. 长沙：中南工业大学出版社，1995.

[8] 王云贵，李静，李振军. 铍工业现状与可持续发展[C]//第五届全国稀有金属学术交流会论文集. 长沙：中南大学出版社，2006.

[9] 黄伯云，李成功，石力开，等. 中国材料工程大典——有色金属材料工程[M]. 北京：化学工业出版社，2006.

[10] 别里雅夫 P A. 氧化铍[M]. 高陇桥，译. 北京：国防工业出版社，1985.

[11] 钟景明. 金属铍的微屈服行为及机理研究[D]. 长沙：中南大学，2001.

[12] 许德美，李峰，王东新，等. 组织缺陷对金属铍室温断裂行为的影响规律研究[J]. 稀有金属，2010，34(6):844~849.

[13] 聂大钧，孙本双，李振军. 世界铍工业发展状况[J]. 稀有金属，1997，21(增刊二):297~301.

[14] 马世光，戴富强. 当前我国铍工业的形势和任务[J]. 稀有金属，1997，21(增刊二):289~291.

[15] 聂大钧，孙本双，宋兴海，等. 铍工艺进展[M]. 北京：冶金工业出版社，1995.

[16] 宁夏有色金属研究所．铍的应用[M]. 北京：冶金工业出版社，1973.

[17] 许德美，李峰，王战宏，等．粉末热等静压和铸造 Be-Al 合金的室温拉伸断裂机理[J]. 中国有色金属学报，2009，19(12):2128～2135.

[18] 许德美，秦高梧，李峰，等．BeO 杂质形态对金属铍力学性能的影响[J]. 中国有色金属学报，2010，21(4):669～776.

[19] 孙本双．惯性器件用高性能铍材及其尺寸稳定性[J]. 宇航材料工艺，1996，6：26～30.

[20] 斯皮钦 B И. 铍的化学工艺学和冶金学[M]. 田冰，译．北京：中国工业出版社，1965.

[21] 钟景明，许德美，李峰，等．铍及铍合金技术进展[C]//中国工程科技论坛 151 场——粉末冶金科学与技术发展前沿论坛．长沙，2012.

[22] 许德美，秦高梧，李峰，等．国内外铍及含铍材料的研究进展[J]. 中国有色金属学报，2014，24(5):1212～1223.

[23] 许德美，秦高梧，李峰，等．多晶铍的室温拉伸变形和断裂行为[J]. 金属学报，2014，50(9):1078～1086.

[24] DARWIN G E，BUDDERY J H. Beryllium[M]. London：Butterworths Ssientific Publications，1960.

[25] ALDINGER F，PETZOW G. Constitution of Beryllium and Its Alloys[M]//WEBSTER D，LONDON G J. Beryllium Science and Technology Vol. 1. New York：A Division of Plenum Publishing Corporation，1979：235～298.

[26] ROSSMAN M D，PREUSS O P，POEWES M B. Beryllium：Biomedical and Environmental Aspects[M]. Maryland：Williams & Wilkins，1991.

[27] MARDE J M，KUXHAUS M B，STONEHOUSE A J. Near net shape beryllium products[J]. Journal of Powder Metallurgy，1990，26(2):139～146.

[28] MARDER J M，HASHIGUCHI D H. Structure and properties of atomized beryllium powder[J]. Metal Powder Report，1989，1：50～53.

[29] STONEHOUSE A J. Impurity Effects in Beryllium[M]//WEBSTER D，LONDON G J. Beryllium Science and Technology Vol. 1. New York：A Division of

Plenum Publishing Corporation, 1979: 181 ~ 206.

[30] 唐先才. 铍的熔炼与铸造[J]. 稀有金属, 1997, 21(增刊二):316 ~ 318.

[31] 孙本双. 国外高强度、高延性铍材[J]. 稀有金属与硬质合金, 1990, (3):60.

[32] 钟景明, 付晓旭, 王零森. 光学镜体用铍材及其尺寸稳定性[J]. 宇航材料工艺, 1998, 28(3):27 ~ 28.

[33] 王战宏. 铍铝合金结构材料制造工艺研究[D]. 北京: 北京科技大学, 2006.

[34] 钟景明, 孙本双, 付晓旭, 等. 宇航精密仪器及零件用金属材料的尺寸稳定性[J]. 中国有色金属学报, 1998, 8: 229 ~ 233.

[35] 李振军. 金属铍冶炼进展[J]. 中国有色金属, 2006, 12: 18 ~ 23.

[36] 张玲, 林德松. 我国稀有金属资源现状分析[J]. 地质与勘探, 2004, 40(1):26 ~ 30.

[37] 孙本双. 国际铍粉末冶金新技术[J]. 上海金属（有色分册）, 1990, 11(3):42 ~ 47.

[38] 李诚星. 提高工业氧化铍冶炼金属回收率的途径[J]. 稀有金属与硬质合金, 2005, 33(1):52 ~ 54.

[39] 李爱民, 蒋进光, 王晖, 等. 含铍矿物浮选研究现状与展望[J]. 稀有金属与硬质合金, 2008, 36(3):58 ~ 61.

[40] 何建璋. 可可托海三号脉铍矿石的综合利用[J]. 新疆有色金属, 2003, 4: 22 ~ 24.

[41] 李卫. 高氟铍矿石的冶炼工艺研究[D]. 长沙: 中南大学, 2006.

[42] 蒋剑刚, 蒋进光. 从含铍矿石中提取铍的研究现状[J]. 稀有金属与硬质合金, 2009, 1: 40 ~ 44.

[43] 钟景明, 闵学仁, 聂大钧, 等. 冲击研磨铍粉及其材料性能[J]. 稀有金属材料与工程, 1999, 28(6):386 ~ 389.

[44] 钟景明, 许辅清. 大尺寸中空铍件的真空烧结[J]. 稀有金属, 1997, 21: 330 ~ 333.

[45] 闵学仁，钟景明．铍中铁铝杂质对铍材性能的影响[J]．稀有金属与硬质合金，2000,(3):45 ~ 49.

[46] 王战宏，王莉，赵双群，等．Ni 对 Be-Al 合金组织和性能的影响[J]．特种铸造及有色合金，2006，26(8):526 ~ 528.

[47] 杨英惠．用于望远镜的铍镜工艺[J]．现代材料动态，2006，5：11.

[48] 宋德军，张习敏，胡强，等．铍焊接技术研究发展概况[J]．材料导报，2006，20(2):66 ~ 69.

[49] 屠启基，石慧．静电陀螺转子用铍材的基本要求[J]．中国惯性技术学报，2003，11(5):63 ~ 66.

[50] 钟景明，高勇，王东新，等．金属铍的微屈服行为及机理[J]．中国有色金属学报，2004，14(10):1637 ~ 1640.

[51] 孙本双，宋兴海．等静压技术正在促进铍的应用和发展[J]．稀有金属与硬质合金，1995，120：34 ~ 39.

[52] 钟景明，许德美，李春光，等．金属铍的应用进展[J]．中国材料进展，2014,(9-10):568 ~ 575.

[53] 王永跃．铍在高科技中的应用与发展[J]．稀有金属材料与工程，1995，24(6):29 ~ 31.

[54] 中国有色金属工业总公司劳动保护研究所．GBZ67—2002 职业性铍病诊断标准[S]．北京：中华人民共和国卫生部，2002.

[55] 张友寿，秦有钧，吴东周，等．铍的粉末冶金技术及焊接研究进展[J]．焊接学报，2001，22(5):93 ~ 96.

[56] 孙本双．铍粉末冶金技术进展[J]．粉末冶金技术，1994，12(2):126 ~ 130.

[57] 张友寿，秦有钧，吴东周，等．铍和含铍材料的性能及应用[J]．焊接学报，2001，22(6):93 ~ 96.

[58] 宋兴海，孙本双．铍的冷热等静压[J]．稀有金属与硬质合金，1994，116：22 ~ 25.

[59] 钟景明，苏东峰，许辅清，等．光学系统用铍镜的研究[J]．粉末冶金材

料与工程，1998，4：297 ~300.

[60] 张树人，张元骏．高纯纳米氧化铍陶瓷粉体的研制[J]．电子元件与材料，1999，18(6):8 ~12.

[61] 付晓旭，钟景明，王东新，等．氧化铍对铍材微屈服强度的影响[J]．宇航材料，2002，3：50 ~53.

[62] 陈亚莉．美国国防部斥资建立战略材料——铍加工厂[EB/OL]．[2005-04-04]．http：//news. 163. com.

[63] 刘志茹，任风莲．十年来铍的分析方法进展[J]．新疆有色金属．2000，2：38 ~42.

[64] PINTO N P. Comminution and Consolidation [M]//FLOYD D R, LOWE J N. Beryllium Science and Technology Vol. 2. New York: A Division of Plenum Publishing Corporation, 1979: 13 ~28.

[65] LONDON G J. Alloys and Composites [M]//FLOYD D R, LOWE J N. Beryllium Science and Technology Vol. 2. New York: A Division of Plenum Publishing Corporation, 1979: 297 ~317.

[66] HAUSNER H H. BerylliumIts Metallurgy and Properties [M]. California: University of California press, 1965.

[67] U. S. Geological Survey. Minerals Yearbook—Beryllium (1995 ~ 2008) [R]. Washington: U. S. Geological Survey, 1996 ~2009.

[68] U. S Geological Survey. Beryllium Statistics [R/OL]. Washington: U. S. Geological Survey, 2008. http://pubs. usgs. gov/ds.

[69] Materion Corporation. Product Forms Uses and Descrptions [EB/OL]. http://materion. com.

[70] Committee on Assessing the Need for a Defense Stockpile. Managing Materials for a Twenty-First Century Military [R]. Washington: National Academy Press, 2008.

[71] CUNNINGHAM L D. Beryllium Recycling in the United States in 2000 [R]. Washington: U. S. Geological Survey, 2004.

[72] U. S. Geological Survey. Beryllium Statistics and Information (1995 ~ 2010)

[J]. Washington: U. S. Geological Survey, 1995 ~ 2010.

[73] SHEMENSKI R M, MARINGER R E. Microstrain characteristics of isostatically hot-pressed beryllium [J]. Journal of the Less-Common Metals, 1969, 17: 25 ~ 45.

[74] HUNT M. Surprising beryllium[J]. Materials Engineer, 1998, 11: 46 ~ 49.

[75] PINTO N P. Large net shapes by powder metallurgy [J]. Powder Metallurgy, 1977, 13(1):5 ~ 11.

[76] TIKINGSKIJ G F, STOEV P I, PAPIROV I I, et al. New beryllium materials [J]. Journal of Nuclear Materials, 1996, 18(4):828 ~ 831.

[77] GREENFIELD P. Engineering Application of Beryllium[M]. London: Mills and Boon Limited, 1971.

[78] GRANT L A, HAEDERSTY R E. Fabrication of stable lightweight beryllium optical support structures [C]//PAQUIN R A. Dimensional Stability. San Diego, California: SPIE-The International Society for Optical Engineering, 1990, 1335: 140 ~ 155.

[79] JACOBSON M I. Factors Affecting the Ductile-brittle Transition in Beryllium [M]//SCHETKY L M, JOHNSON H A. Beryllium Technology. Philadelphia: Gordon and Breach Science Pubilshers, 1966, 17 ~ 27.

[80] FULLERTON R C. A review of persent and future applications of beryllium [C]//The Metals Societyed Beryllium 1977 Fourth International Conference on Beryllium. London: Conference Preprint, 1977: 49.

[81] DHAEAN C K H, BOCHHOLT J L. Design and Analysis of Beryllium Primary Spacecraft Structure[R]. AIAA82-0744: 493 ~ 498.

[82] SHARMA B P, PAUL C M, SUNDARAM C V. Beryllium powder metallurgy [C]//International Conference on Powder Metallurgy and Related High Temperature Materials. Bombay, India, 1983: 14 ~ 17.

[83] NARDONE V C, GAEOSSHEN T J. Evaluation of the tensile and fatigue behavior of a powder metallurgy beryllium/aluminum alloy [J]. Journal of Materials

Science, 1997, 32: 2549.

[84] WILLIANS B. Beryllium production at Brush Wellman, Elmore[J]. Metal Powder Report, 1986, 9: 671 ~ 675.

[85] KUMAR K, MECARTHY J, PETRI F, et al. Materials Research for Advanced Inertial Instrumentation Task 1: Dimensional Stability of Gyroscope Structure Materials[R]. AD-A098165, 1980.

[86] SKILLEM C G, HOLLMAN R R, KULKARNI. Near-net-shape beryllium structural helicopter parts[J]. Metal Powder Report, 1992, 10: 36 ~ 39.

[87] KUPRIYANOV I B, GOROKHOV V A, NIKOLAEV G N, et al. Research and development of radiation beryllium grades for nuclear fusion applications[J]. Journal of Nuclear Materials, 1996, 18(4):886 ~ 890.

[88] LEMON D D, BROWN W F. Fracture toughness of hot-pressed beryllium[J]. Journal of Testing and Evaluation, 1985, 13(2):152 ~ 161.

[89] HASHIGUCHI D H, CLEMENT T P, MARDER J M. Properties of beryllium consolidated by several near-net shape processes[J]. Journal of Materials Shaping Technology, 1989, 7(1):23 ~ 31.

[90] GOLDBER A. Beryllium Manufacturing Processes, UCRL-TR-222539[R]. Livermore: Lawrence Livermore National Laboratory, 2006.

[91] SCAFFIDI A R, GENTINA F, LONGURST G R, et al. The status of beryllium technology for fusion[J]. Journal of Nuclear Materials 283 ~ 287, 2000: 43 ~ 51.

[92] STONEHOUSE A J. Physics and chemistry of beryllium[J]. J. Vac. Sci. Technol. A4, (3),1986: 1165.

[93] THOME R J, HETTZENGROEDER P J. Engineering features of the fusion ignition research experiment (FIRE)[J]. Fusion Engineering and Design 58 ~ 59, 2001: 797 ~ 801.

[94] STONEHOUSE A J, MARDER J M. Beryllium[M]//ASM Handbook, Vol. 2, Properties and Selection: Nonferrous Alloys and Special-Purpose Materials Sec-

tion: Specific Metals and Alloys, [S. l.]: [s. n.], 2005.
[95] STAHL H P. 50 Years of Mirror Technology Investment at NASA[M]. Washington: NASA, 2009.
[96] BABUN A V, NEKLYUDOV I M, AZHAZHA V M, et al. Powder metallurgy of beryllium[J]. Powder Metallurgy and Metal Ceramics, 2006, 45: 207 ~ 213.
[97] SAXTON D, PARSONAGE T. Advances in near net shape beryllium manufacturing technologies[C]//DIERICKX P. Proceedings of SPIE Vol4003. Bellingham: the SPIE Inc, 2000: 80 ~ 90.
[98] SHERTOCK P, LORENZETTO P, WALTON N. Manufacturing issues for the production of beryllium clad prototype components for ITER[J]. Fusion Engineering and Design, 2009, 1: 1 ~ 4.
[99] KHOMUTOV A M, DAVYDOV D A, GOROKHOV V A, et al. Status of beryllium materials for fusion application[J]. Journal of Nuclear Materials, 1996 (233 ~ 237): 111 ~ 119.
[100] ZHONG J M, WANG Z H, NIE D J, et al. Influence of grain size on mechanical properties of isostatically pressed beryllium materials[J]. Trans. Nonferrous Soc. China, 2000, 10(2): 228 ~ 231.
[101] The Metallurgy of Beryllium. Proceedings of an International Conference Organized by the Institute of Metals and held at the Royal Commonwealth Society [C]. London: Chapman & Hall. Ltd. , 1963.
[102] CADDEN C H, ODEGARD B C. Aluminum-assisted joining of beryllium to copper for fusion applications[J]. Fusion Engineering and Design, 1997, 37: 287 ~ 298.
[103] IOKI K, BARABASCHI P, BRUNO L, et al. ITER first wall/shield blanket [J]. Fusion Engineering and Design, 1998, 39 ~ 40: 585 ~ 591.
[104] KRENZER R W. Casting[M]//FLOYD D R, LOWE J N. Beryllium Science and Technology Vol. 2. New York: A Division of Plenum Publishing Corporation, 1979: 31 ~ 54.
[105] BRNCE J E J, HILL M. Machining[M]//FLOYD D R, LOWE J N. Beryllium

Science and Technology Vol. 2. New York: A Division of Plenum Publishing Corporation, 1979: 177 ~ 197.

[106] NORDT A, EDINGER D. Optical bench assembly for the near infrared camera [C]//HEANRY J B, BURRIESCI L G. Proceedings of SPIE Vol. 5904. Bellingham: the SPIE Inc. , 2005: 5904061 ~ 59040610.

[107] WILLAMS M. Satellite Materials-meeting the challenge of the space environment[J]. Metals and Materials, 1991, 7: 434 ~ 438.

[108] PAQUIN R A. Hot isostatic pressed beryllium for large optics[J]. Optical Engineering, 1986, 25(9):1003 ~ 1008.

[109] ALVES E, ALVES L C, FRANCO N, et al. Characterization and stability studies of titanium beryllium[J]. Fusion Engineering and Design, 2005, (75 ~ 79):759 ~ 763.

[110] GOLDBERG A. Joining of Beryllium, CODTU-2004-1513 [R]. California: Lawrence Livermore National Laboratory, 2006.

[111] PAMEL A J, MATTHEWS G F, PHILIPPS V, et al. An ITER-like wall for JET[J]. Journal of Nuclear Material, 2007, 363 ~ 365: 1 ~ 11.

[112] MACQUEEN D H. Beryllium Health and Safety Committee Data Reporting Task Force, UCRL-TR-229150[R]. California: Lawrence Livermore National Laboratory, 2007.

[113] KURINKIY P, MOESLANG A, KLIMIANKOU M. Manufacturing methods and characterisation of titanium beryllium [J]. Fusion Engineering and Design, 2007, 82: 2353 ~ 2358.

[114] PATEL B, PARSONS W. Operational beryllium handling experience at JET [J]. Fusion Engineering and Design 69, 2003: 689 ~ 694.

[115] KENNETH A W. Beryllium Chemistry and Processing[M]. Ohio: ASM International, 2009.

[116] Roskill Information Services Ltd. The Economics of Beryllium [M]. London: Roskill Information Services Ltd. , 2001.

附 录

附录一 64 种有色金属元素

64 种有色金属包括：铝、镁、钾、钠、钙、锶、钡、铜、铅、锌、锡、钴、镍、锑、汞、镉、铋、金、银、铂、钌、铑、钯、锇、铱、铍、锂、铷、铯、钛、锆、铪、钒、铌、钽、钨、钼、镓、铟、铊、锗、铼、镧、铈、镨、钕、钐、铕、钆、铽、镝、钬、铒、铥、镱、镥、钇、钪、硅、硼、硒、碲、砷、钍。

有色金属又分为轻金属、重金属、稀有金属、贵金属和其他有色金属。

（1）轻金属：7 种，铝、镁、钾、钠、钙、锶、钡（其中钾、钠、钙、锶、钡 5 种一般为化工系统的产品）。

（2）重金属：10 种，铜、铅、锌、镍、钴、锡、锑、铋、镉、汞。

（3）稀有金属：35 种，又细分为四类：

1）稀有轻金属 4 种（在稀有金属中密度最小）：锂、铍、铷、铯。

2）稀有难熔金属 8 种（在金属中熔点较高）：钨、钼、钽、铌、钛、锆、铪、钒。

3）稀散金属7种（矿体生成极为分散、且多为与其他矿物共生、非经准确的全分析不易发现）：镓、铟、铊、锗、硒、碲、铼（有的分法，将铼分为难熔金属）。

4）稀土金属16种（其氧化物似土，故名）：镧、铈、镨、钕、钐、铕、钆、铽、镝、钬、铒、铥、镱、镥、钇、钪。

（4）贵金属：8种，金、银、钌、铑、钯、锇、铱、铂。

（5）其他有色金属：4种，硅、砷、硼、钍。

附录二 元素周期表

周期	I_A	II_A	III_B	IV_B	V_B	VI_B	VII_B	Ⅷ			I_B	II_B	III_A	IV_A	V_A	VI_A	VII_A	
1	1 H 氢 1.0079																	2 He 氦 4.0026
2	3 Li 锂 6.941	4 Be 铍 9.0122											5 B 硼 10.811	6 C 碳 12.011	7 N 氮 14.007	8 O 氧 15.999	9 F 氟 18.998	10 Ne 氖 20.17
3	11 Na 钠 22.9898	12 Mg 镁 24.305											13 Al 铝 26.982	14 Si 硅 28.085	15 P 磷 30.974	16 S 硫 32.06	17 Cl 氯 35.453	18 Ar 氩 39.94
4	19 K 钾 39.098	20 Ca 钙 40.08	21Sc 钪 44.956	22 Ti 钛 47.9	23 V 钒 50.9415	24 Cr 铬 51.996	25Mn 锰 54.938	26 Fe 铁 55.84	27 Co 钴 58.9332	28 Ni 镍 58.69	29 Cu 铜 63.54	30 Zn 锌 65.38	31 Ga 镓 69.72	32Ge 锗 72.59	33As 砷 74.9216	34 Se 硒 78.9	35 Br 溴 79.904	36 Kr 氪 83.8
5	37Rb 铷 85.467	38 Sr 锶 87.62	39 Y 钇 88.906	40 Zr 锆 91.22	41Nb 铌 92.9064	42Mo 钼 95.94	43 Tc 锝 97.99	44Ru 钌 101.07	45 Rh 铑 102.906	46 Pd 钯 106.42	47Ag 银 107.868	48Cd 镉 112.41	49 In 铟 114.82	50 Sn 锡 118.7	51Sb 锑 121.7	52 Te 碲 127.6	53 I 碘 126.905	54 Xe 氙 131.3
6	55Cs 铯 132.905	56 Ba 钡 137.33	57-71 La-Lu 镧系	72Hf 铪 178.49	73 Ta 钽 180.947	74 W 钨 183.8	75 Re 铼 186.207	76 Os 锇 190.2	77 Ir 铱 192.2	78 Pt 铂 195.08	79 Au 金 196.967	80Hg 汞 200.5	81 Tl 铊 204.3	82 Pb 铅 207.2	83 Bi 铋 208.98	84 Po 钋 (209)	85 At 砹 (210)	86 Rn 氡 (222)
7	87 Fr 钫 (223)	88 Ra 镭 (226.03)	89-103 Ac-Lr 锕系	104 Rf 𬬻 (261)	105Db 𬭊 (262)	106 Sg 𬭳 (263)	107Bh 𬭛 (264)	108 Hs 𬭶 (265)	109Mt 鿏 (268)	110 Ds 𫟼 (269)	111 Rg 𬬭 (272)	112Cn 鿔 (277)						

镧系	57 La 镧 138.905	58 Ce 铈 140.12	59 Pr 镨 140.91	60Nd 钕 144.2	61 Pm 钷 (147)	62Sm 钐 150.4	63 Eu 铕 151.96	64 Gd 钆 157.25	65 Tb 铽 158.93	66 Dy 镝 162.5	67 Ho 钬 164.93	68 Er 铒 167.2	69Tm 铥 168.934	70 Yb 镱 173.0	71 Lu 镥 174.96
锕系	89 Ac 锕 (227)	90Th 钍 232.0381	91Pa 镤 231.03588	92 U 铀 238.02891	93 Np 镎 (237)	94 Pu 钚 (239.244)	95Am 镅 (243)	96 Cm 锔 (247)	97 Bk 锫 (247)	98 Cf 锎 (251)	99 Es 锿 (252)	100Fm 镄 (257)	101Md 钔 (258)	102 No 锘 (259)	103Lr 铹 (260)